Über den Autor:

Sogyal Rinpoche wurde in Tibet geboren und von einem der größten tibetischen Meditationsmeister dieses Jahrhunderts aufgezogen. Mit seinem Meister ging er nach Sikkim ins Exil; nach dessen Tod studierte er an den Universitäten von Delhi und Cambridge. Seit 1974 lehrt er den tibetischen Buddhismus im Westen und hat sich dabei auf die Vermittlung der mit dem »Tibetischen Totenbuch« verbundenen Lehren und Meditationspraktiken spezialisiert. Er ist der Begründer und geistige Leiter von RIGPA, einem weltweiten Netzwerk buddhistischer Gruppen und Zentren.

Sogyal Rinpoche

Funken der Erleuchtung

*Buddhistische Weisheiten
für jeden Tag des Jahres*

Aus dem Englischen von Thomas Geist

Die amerikanische Originalausgabe erschien unter
dem Titel »Glimpse after Glimpse« bei HarperSanFrancisco,
a division of HarperCollins Publishers, Inc.

Besuchen Sie uns im Internet:
www.droemer-weltbild.de

Vollständige Taschenbuchausgabe Februar 2001
Droemersche Verlagsanstalt Th. Knaur Nachf., München
Copyright © 1995 Rigpa Fellowship
Copyright © der deutschsprachigen Ausgabe
Scherz Verlag, Bern, München, Wien
Alle Rechte vorbehalten. Das Werk darf – auch teilweise –
nur mit Genehmigung des Verlages wiedergegeben werden.
Umschlaggestaltung: ZERO Werbeagentur, München
Umschlagabbildung: Tony Stone, München
Satz und Herstellung: Barbara Rabus, Sonthofen
Druck und Bindung: Nørhaven A/S
Printed in Denmark
ISBN 3-426-87098-3

2   4   5   3   1

*Ich widme dieses Buch Guru Rinpoche,
dem Buddha unserer Zeit.*

O Guru Rinpoche, Kostbarer!
Du bist die Verkörperung
Des Mitgefühls und Segens aller Buddhas,
Einziger Schützer aller Wesen.
Meinen Körper und meinen Besitz,
　mein Herz und meinen Geist
Bringe ich dir ohne Zögern dar!
Von jetzt an bis zur Erleuchtung,
In Glück und Leid, in guten wie in
　schlechten Zeiten,
Verlasse ich mich ganz auf dich,
　Padmasambhava.
Du kennst mich:
Denke an mich, inspiriere mich, leite mich,
Lass mich eins werden mit dir!

JIKME LINGPA

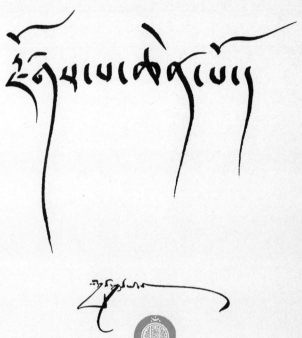

DZOGPACHENPO

1. Januar

Meditieren zu lernen ist das größte Geschenk, das Sie sich in diesem Leben machen können. Denn nur durch Meditation kann Ihnen die Entdeckung Ihrer wahren Natur gelingen. Und nur in ihr werden Sie die Stabilität und das Vertrauen finden, die nötig sind, um gut zu leben und gut zu sterben. Meditation ist der Weg, der zur Erleuchtung führt.

2. Januar

Wenn ich Meditation lehre, beginne ich oft mit den Worten: »Bring deinen Geist heim – lass los – und entspanne dich.« Damit sind die drei wesentlichen Punkte jeder Meditation angesprochen. In jeder dieser Phasen klingen verschiedenste Bedeutungsebenen an.
Den Geist heimbringen bedeutet, ihn durch die Praxis der Achtsamkeit in den Zustand »Ruhigen Verweilens« zu versetzen. Im tiefsten Sinne bedeutet den Geist heimbringen, ihn nach innen zu wenden und in der Natur des Geistes zu ruhen. Das ist die höchste Form der Meditation.
Loslassen bedeutet, den Geist aus dem Gefängnis des Greifens zu befreien, weil man erkannt hat, dass alle Angst und Verzweiflung der Begierde des greifenden Geistes entspringen. Auf einer tieferen Ebene inspirieren die Erkenntnis und Gewissheit, die aus dem wachsamen Verständnis der Natur des Geistes entstehen, eine tiefe und natürliche Großzügigkeit, die es einem ermöglicht, alles Greifen vom Herzen her zu lösen, es sich selbst befreien und einfach in der Atmosphäre der Meditation hinwegschmelzen zu lassen.
Sich entspannen schließlich bedeutet, weitherzig zu sein und die Verkrampftheit des Geistes zu lockern. Im tieferen Sinne entspannt man sich in die wahre Natur des Geistes, in den Zustand von Rigpa auf der Grundlage von Rigpa – so als würde man eine Hand voll Sand auf eine ebene Fläche schütten, auf der jedes Körnchen ganz von selbst zur Ruhe kommt.

3. Januar

Wie viele von uns werden von etwas fortgetragen, das ich »aktive Faulheit« nenne? Natürlich gibt es verschiedene Arten von Faulheit: östliche und westliche. Der östliche Stil besteht – überspitzt ausgedrückt – darin, den ganzen Tag in der Sonne herumzusitzen, nichts zu tun, jede Art von Arbeit und sinnvoller Aktivität möglichst zu vermeiden, Tee zu trinken und mit Freunden zu ratschen. Westliche Faulheit ist ganz anders. Sie besteht darin, das Leben mit zwanghaften Aktivitäten so voll zu stopfen, dass keine Zeit mehr bleibt, sich um die wirklich wichtigen Dinge zu kümmern.

Wenn wir unser Leben anschauen, dann sehen wir deutlich, wie viele unwichtige Dinge, so genannte Verantwortlichkeiten, sich ansammeln und es anfüllen. Ein Meister beschreibt diesen Zustand mit dem Bild, »im Traum einen Haushalt zu führen«. Wir behaupten immer, uns Zeit für die wichtigen Dinge des Lebens nehmen zu wollen, aber nie finden wir diese Zeit. Hilflos sehen wir zu, wie unser Tag sich mit Telefonanrufen und belanglosen Unternehmungen anfüllt, mit so vielen Verantwortlichkeiten – oder sollten wir sie besser Unverantwortlichkeiten nennen?

4. Januar

Gemäß der Weisheit des Buddha können wir unser Leben jederzeit nutzen, um uns auf den Tod vorzubereiten. Wir müssen nicht warten, bis der schmerzliche Tod eines geliebten Menschen oder der Schock einer unheilbaren Krankheit uns zwingt, unser Leben näher anzuschauen. Auch sind wir nicht dazu verdammt, unvorbereitet in den Tod zu gehen und etwas völlig Unbekanntem zu begegnen. Wir können hier und jetzt anfangen, in unserem Leben Sinn zu finden. Wir können jeden Augenblick zu einer Gelegenheit machen, uns zu ändern und uns – mit friedvollem Geist und offenem Herzen – auf Tod und Ewigkeit vorzubereiten.

5. Januar

Verlust und Trauer können uns aufs Schärfste vor Augen führen, was geschehen kann, wenn wir nicht schon im Leben unsere Liebe und Wertschätzung zeigen oder um Vergebung bitten, und das macht uns viel sensibler für die Bedürfnisse und Gefühle der uns nahe Stehenden. Elisabeth Kübler-Ross sagt: »Ich versuche, den Menschen beizubringen, so zu leben, dass sie die wichtigen Dinge sagen, solange der andere sie noch hören kann.« Und Raymond Moody schrieb nach einem Leben, das ganz der Erforschung der Nah-Todeserfahrungen gewidmet war: »Ich habe angefangen zu verstehen, wie nah wir in unserem Alltag dem Tod sind. Mehr denn je achte ich deshalb darauf, jeden Menschen, den ich liebe, dies auch spüren zu lassen.«

6. Januar

Ein äußerst wirksamer Weg, Mitgefühl zu wecken, besteht darin, die anderen als einem völlig gleich zu sehen. »Schließlich«, so erklärt der Dalai Lama, »sind alle Menschen gleich – sie bestehen aus menschlichem Fleisch, Knochen und Blut. Wir alle wollen glücklich sein und nicht leiden. Und wir haben auch alle das gleiche Recht, glücklich zu sein. Mit anderen Worten: Es geht darum, unsere Gleichheit als Menschen zu erkennen.«

7. Januar

Obwohl wir dauernd tönen, wie wichtig es sei, praktisch zu denken, bedeutet »praktisch denken« im Westen häufig nichts anderes, als sich ignorant und – oft genug – auf selbstsüchtige Weise kurzsichtig zu verhalten. Diese engstirnige Ausrichtung auf nichts anderes als dieses Leben ist die große Täuschung; sie ist die Quelle für den menschenverachtenden und zerstörerischen Materialismus der modernen Welt. Niemand spricht über den Tod, und niemand spricht über das Leben danach, weil wir in dem Glauben erzogen werden, dass solches Gerede nur unser so genanntes »Vorankommen« in der Welt behindern würde.

Wenn es aber unser tiefstes Verlangen ist, zu leben und am Leben zu bleiben, warum bestehen wir dann blind darauf, dass der Tod das Ende ist? Warum erwägen und untersuchen wir nicht zumindest die Möglichkeit eines Weiterlebens nach dem Tode? Wenn wir so pragmatisch sind, wie wir immer vorgeben, warum fragen wir uns dann nicht ernsthaft, wo unsere wirkliche Zukunft liegt? Immerhin lebt kaum jemand länger als vielleicht hundert Jahre. Und danach erstreckt sich die ganze Ewigkeit – das Unbekannte...

8. Januar

Aus der Sicht des Tibetischen Buddhismus lässt sich unsere gesamte Existenz in vier Realitäten einteilen:
1. Leben, 2. Sterben und Tod, 3. Nachtod sowie 4. Wiedergeburt. Sie entsprechen den folgenden Bardos:

1. der »natürliche« Bardo dieses Lebens
2. der »schmerzvolle« Bardo des Sterbens
3. der »lichtvolle« Bardo der Dharmata
4. der »karmische« Bardo des Werdens

Die Bardos sind besonders kraftvolle Gelegenheiten zur Befreiung, denn gewisse Momente, so sagen die Lehren, sind machtvoller als andere, mit viel mehr Potenzial aufgeladen, und was immer man dann tut, zeitigt starke und weit reichende Wirkungen. Ich stelle mir einen Bardo wie den Moment des Herantretens an einen Abgrund vor. Ein solcher Augenblick findet zum Beispiel auch statt, wenn ein Meister seinen Schüler in die essenzielle, ursprüngliche und innerste Natur seines Geistes einführt. Der mächtigste und energiegeladenste dieser Momente ist der Augenblick des Todes.

9. Januar

Wenn man wirklich hinschaut, hat nichts eine eigenständige »inhärente« Existenz, und diese Abwesenheit unabhängigen Seins nennen wir »Leerheit«. Wenn man sich zum Beispiel einen Baum vorstellt, denkt man an ein genau definiertes Objekt, und auf einer bestimmten Ebene ist er das auch. Aber wenn man den Baum näher betrachtet, erkennt man, dass er letztlich keinerlei unabhängige Existenz besitzt. Wenn man ihn kontempliert, wird man herausfinden, dass er sich in ein äußerst subtiles Netz von Beziehungen auflöst, das das ganze Universum umfasst. Der Regen, der auf seine Blätter fällt, der Wind, der ihn wiegt, die Erde, die ihn nährt und hält, die Jahreszeiten und das Wetter, das Licht von Sonne, Mond und Sternen – alles ist Teil dieses Baums.
Wenn man noch tiefer über den Baum nachdenkt, wird man erkennen, dass alles im ganzen Universum dazu beiträgt, den Baum zu dem zu machen, was er ist. Er kann zu keinem Zeitpunkt von allem anderen getrennt werden, und jeden Augenblick wandelt sich seine Natur auf subtile Art und Weise. Genau das meinen wir, wenn wir sagen, Dinge seien leer: Sie haben keine unabhängige Existenz.

10. Januar

Wenn sehr viel mehr Menschen die Natur ihres Geistes kennen würden, wäre ihnen auch die wunderbare Natur der Welt bewusst, in der sie leben, und sie würden mutig und bestimmt für ihren Schutz eintreten. Es ist interessant, dass der tibetische Ausdruck für »Buddhist« *nangpa* lautet. Das bedeutet: jemand mit Ein-Sicht, jemand mit Innenschau, jemand, der die Wahrheit nicht außen sucht, sondern in sich, in der Natur seines Geistes. Alle Lehren und Übungen des Buddhismus zielen auf diesen einen Punkt: in die Natur des Geistes zu blicken und dadurch die Angst vor dem Tod zu überwinden und die Wahrheit des Lebens zu entdecken.

11. Januar

Die buddhistischen Meditationsmeister wissen, wie flexibel und beeinflussbar der Geist ist. Wenn wir ihn trainieren, ist alles möglich. Tatsächlich sind wir ja bereits perfekt von und für Samsara trainiert: Wir haben Übung darin, eifersüchtig zu werden, festzuhalten, ängstlich, traurig, verzweifelt und gierig zu sein, wir sind geübt, mit Ärger auf alles zu reagieren, was uns provoziert. Wir sind tatsächlich schon so geübt, dass diese negativen Emotionen ganz spontan entstehen, ohne dass wir auch nur versuchen müssten, sie hervorzurufen. Alles ist daher eine Frage der Übung und der Macht der Gewohnheit.

Widmen wir den Geist der Verwirrung, wird er – und das wissen wir alle nur zu gut, wenn wir ehrlich sind – ein dunkler Meister der Verblendung, genial im Erzeugen von Süchten, geschickt und von perverser Geschmeidigkeit in seinen sklavischen Abhängigkeiten.

Widmen wir ihn aber der Meditation und dem Ziel, sich selbst von Täuschung zu befreien, werden wir erleben, dass sich unser Geist im Laufe der Zeit – mit Geduld, Disziplin und der rechten Übung – allmählich selbst zu entwirren beginnt und zu seiner ihm innewohnenden Glückseligkeit und Klarheit findet.

12. Januar

Einer der Hauptgründe, warum wir so viel Angst haben, uns dem Tod zu stellen, liegt darin, dass wir die Wahrheit der Vergänglichkeit ignorieren.
Für uns ist Wandel gleichbedeutend mit Verlust und Leid. Und wenn sich Veränderung einstellt, versuchen wir, uns so gut wie möglich zu betäuben. Stur und ohne nachzufragen halten wir an der Annahme fest, dass Dauerhaftigkeit Sicherheit verleiht, Vergänglichkeit hingegen nicht. Tatsächlich aber gleicht die Vergänglichkeit bestimmten Leuten, denen wir im Leben manchmal begegnen: Anfangs finden wir sie schwierig und irritierend, aber bei näherer Bekanntschaft sind sie viel freundlicher und angenehmer, als wir uns je hätten vorstellen können.

13. Januar

Die Menschen verbringen ihre ganze Zeit mit Vorbereiten, Vorbereiten, Vorbereiten... Nur um dem nächsten Leben dann gänzlich unvorbereitet zu begegnen.

DRAKPA GYALTSEN

14. Januar

Wie sieht die Natur des Geistes aus? Stellen Sie sich den Himmel vor: leer, weit und rein von Anbeginn – so ist ihre *Essenz*. Stellen Sie sich die Sonne vor: strahlend, klar, ungehindert und unmittelbar präsent – so ist ihre *Natur*. Stellen Sie sich vor, wie die Sonne ohne Unterschied uns und alle Dinge strahlend bescheint – so ist ihre *Energie:* die Manifestation von Mitgefühl, nichts kann sie aufhalten, sie durchdringt alles.

15. Januar

Es entsteht ein müheloses Mitgefühl für alle Wesen, die ihre wahre Geist-Natur noch nicht erkannt haben. So grenzenlos ist dieses Mitgefühl, dass deine Tränen endlos strömen müssten, wenn Tränen dem angemessen Ausdruck verleihen könnten. Doch nicht nur Mitgefühl allein, auch die entsprechenden und angemessenen Mittel sind vorhanden, sobald du die Natur des Geistes selbst verwirklichst.
Von allem Leid und aller Furcht – vor Geburt und Tod und vor den Zwischenwelten – bist du dann wie von selbst befreit. Und solltest du berichten von der Glückseligkeit, die diese Einsicht bringt, so kämen alle Herrlichkeit und Freude, Lust und Glück der Welt zusammen nicht einem Bruchteil jener Glückseligkeit nahe, die der Erkenntnis der Natur des Geistes entspringt. So sagen es die Buddhas.

Nyoshul Khen Rinpoche

16. Januar

Wie schwierig kann es sein, das Gewahrsein nach innen zu richten! Wie leicht lassen wir uns doch von alten Gewohnheiten und eingefahrenen Verhaltensmustern beherrschen! Obwohl sie uns nichts als Leid bringen, akzeptieren wir sie mit beinahe fatalistischer Resignation, weil wir so sehr daran gewöhnt sind, ihnen nachzugeben. *Wir idealisieren die Freiheit, aber unseren Gewohnheiten sind wir sklavisch ergeben.*
Dennoch kann uns Reflexion langsam zur Weisheit bringen. Wir können lernen zu erkennen, wie wir immer wieder in feste, stereotype Verhaltensmuster verfallen, und wir können beginnen, uns nach einem Ausweg zu sehnen. Natürlich kann es passieren, dass wir wieder und wieder unseren Gewohnheiten erliegen, aber wir können uns langsam von ihnen lösen und uns ändern.

17. Januar

Das tibetische Wort für Körper, *lü,* bedeutet, wörtlich übersetzt: »etwas, was man zurücklässt« – wie Gepäck. Jedes Mal, wenn wir *lü* sagen, werden wir daran erinnert, dass wir bloß Reisende sind, die vorübergehend Herberge in diesem Leben und in diesem Körper genommen haben. Wohl auch deshalb haben in Tibet die Menschen nicht ihre ganze Zeit damit verbracht, die äußeren Umstände komfortabler zu gestalten. Sie waren schon zufrieden, wenn sie genug zu essen, etwas zum Anziehen und ein Dach über dem Kopf hatten.

Verbissen zu versuchen, die äußeren Umstände zu verbessern, so wie wir es tun, kann zum Selbstzweck werden und zu sinnloser Ablenkung führen. Würde irgendjemand, der recht bei Sinnen ist, auf die Idee kommen, jedes Mal wenn er ein Hotelzimmer nimmt, den Raum in mühevoller Arbeit umzugestalten?

18. Januar

Karma ist nicht fatalistisch oder determinierend. Karma meint unsere Fähigkeit, *schöpferisch* zu sein und uns zu verändern, es bedeutet, dass wir bestimmen können, wie und warum wir handeln. Wir können uns *ändern*. Die Zukunft liegt in unseren eigenen Händen. Der Buddha sagt:

> Karma ist schöpferisch wie ein Künstler,
> Karma drückt sich aus wie ein Tänzer.

19. Januar

Auf Tibetisch heißt die Natur des Geistes *rigpa:* ursprüngliches, reines Gewahrsein, das gleichzeitig intelligent, erkennend, strahlend und stets wach ist. Diese Natur des Geistes, seine innerste Essenz, bleibt von Wandel und Tod ganz und gar unberührt. Zurzeit liegt sie in unserem eigenen, gewöhnlichen Geist – oder *sem* – verborgen, verdeckt von der alltäglichen Geschäftigkeit unserer Gedanken und Emotionen. Aber so wie Wolken von einem starken Wind davongeblasen werden können, um die strahlende Sonne und den weit offenen Himmel zu enthüllen, so vermag, unter gewissen Umständen, eine besondere Inspiration Einblicke in diese Natur des Geistes zu gewähren. Diese Einblicke sind von unterschiedlicher Tiefe, aber jeder erhellt unser Verständnis und bringt mehr Sinn und Freiheit. Das ist möglich, weil die Natur des Geistes der Ursprung des Verstehens selbst ist.

20. Januar

Unser Geist kann so wunderbar vollkommen sein; aber derselbe Geist kann auch unser schlimmster Feind sein. Er macht uns eine Menge Schwierigkeiten. Manchmal wünschte ich mir, unser Geist wäre eine Art Gebiss, das man rausnehmen und abends auf den Nachttisch legen könnte. Zumindest würde man dann ab und zu Ruhe finden vor seinen ermüdenden, erschöpfenden Eskapaden. Wir sind so sehr der Gnade unseres eigenen Geistes ausgeliefert, dass wir uns auch dann noch voll tief verwurzelten Misstrauens zurückhalten, wenn wir auf Lehren stoßen, die eine Saite in uns ausschlagen, die mehr und anderes in uns erklingen lässt, als wir je zuvor erfahren haben.

Aber irgendwann auf dem Weg werden wir aufhören müssen zu misstrauen. Wir müssen Verdacht und Zweifel loswerden, die wir ja eigentlich nur erfunden haben, um uns zu schützen – was aber sowieso nie funktioniert hat. Am Ende waren wir immer die Dummen, waren verletzt und sind noch tiefer in den Schlamassel hineingeraten als durch das, wovor Verdacht und Zweifel uns eigentlich bewahren sollten.

21. Januar

Eine Meditationsmethode, die von vielen als sehr hilfreich empfunden wird, besteht darin, den Geist sanft auf einem Objekt ruhen zu lassen. Sie können einen Gegenstand von natürlicher Schönheit nehmen, der ein Gefühl der Inspiration in Ihnen weckt, zum Beispiel eine Blume oder einen Kristall. Allerdings ist ein Objekt, das die Wahrheit verkörpert – zum Beispiel ein Bild von Buddha oder Christus, oder ein Bild Ihres Meisters –, von ganz besonderer Kraft. Ihr Meister ist die lebendige Verbindung zur Wahrheit, und auf Grund Ihrer persönlichen Beziehung verbindet der bloße Anblick seines Gesichts Sie mit der Inspiration und der Wahrheit Ihrer eigenen Natur.

22. Januar

Stellen Sie sich einen Menschen vor, der nach einem Autounfall im Krankenhaus aufwacht und unter völligem Gedächtnisverlust leidet. Äußerlich ist alles intakt: Das Gesicht und die Gestalt sind noch genau dieselben, die Sinne und der Geist sind vorhanden, aber dieser Mensch hat auf einmal nicht mehr die mindeste Ahnung, wer er eigentlich ist. Genauso erinnern wir uns nicht mehr an unsere wahre Identität, unsere eigentliche Natur. In panischer Angst irren wir umher und improvisieren eine neue, künstliche Identität, an die wir uns mit der Verzweiflung eines Menschen klammern, der über einem Abgrund hängt. Diese falsche und aus Unwissenheit angenommene Identität ist das »Ich«.

23. Januar

Es kann nicht genug betont werden, dass die *Wahrheit der Lehren* das Wichtigste ist und nicht etwa die Persönlichkeit des Lehrers. Der Buddha hat uns daran in den »Vier Verlässlichkeiten« erinnert:

> Verlass dich auf die Botschaft des Lehrers
> und nicht auf seine Persönlichkeit;
> Verlass dich auf den Sinn seiner Worte
> und nicht auf die Worte allein;
> Verlass dich auf die letztendliche Bedeutung
> und nicht auf eine vorläufige;
> Verlass dich auf deinen Weisheitsgeist
> und nicht auf deinen gewöhnlichen,
> beurteilenden Geist.

Es ist sehr wichtig, nie zu vergessen, dass der wahre Lehrer der Fürsprecher der Wahrheit, ihre mitfühlende »Weisheits-Erscheinung« ist. Alle Buddhas und Meister sind tatsächlich Emanationen dieser Wahrheit, und aus Mitgefühl erscheinen sie in zahllosen geschickten Verkleidungen, um uns durch ihre Lehren zu unserer wahren Natur zurückzuführen. Es ist wichtiger, zuerst die Wahrheit der Lehren zu suchen, statt sofort nach einem Meister Ausschau zu halten, denn durch die Verbindung mit der Wahrheit der Lehren werden wir früher oder später einem lebendigen Lehrer begegnen.

24. Januar

In meiner Tradition halten wir den Meister sogar für noch gütiger als die transzendenten Buddhas selbst. Obwohl die Kraft und das Mitgefühl der Buddhas stets gegenwärtig sind, hindert uns unsere Verblendung daran, ihnen von Angesicht zu Angesicht zu begegnen. Dem Meister jedoch *können* wir begegnen; er steht uns leibhaftig gegenüber, atmet, spricht, handelt, um uns auf jede nur erdenkliche Weise den Weg zur Befreiung zu zeigen.

Für mich waren meine Meister die Verkörperung der lebendigen Wahrheit, unübersehbare Zeichen dafür, dass Erleuchtung in einem menschlichen Körper, in diesem Leben, in dieser Welt, hier und jetzt tatsächlich möglich ist. Sie sind die Inspiration in meiner Praxis, meinem Leben, meiner Arbeit und auf meinem Weg zur Befreiung. Meine Meister sind für mich Erinnerung und Verkörperung meiner Verpflichtung, der Erleuchtung so lange den wichtigsten Platz in meinem Leben einzuräumen, bis ich sie tatsächlich erlangt habe. Ich weiß genau, dass ich erst dann ermessen kann, wer sie wirklich sind, und ihre grenzenlose Großzügigkeit, ihre Liebe und ihre Weisheit erst dann ganz verstehen werde, wenn ich selbst erleuchtet bin.

25. Januar

Der aus Mitgefühl entstehende Wunsch, Erleuchtung zum Wohle aller anderen zu erlangen, heißt auf Sanskrit *bodhichitta*; *bodhi* bezeichnet unsere erleuchtete Essenz, und *chitta* heißt Herz. Wir könnten den Begriff also mit »Herz unseres erleuchteten Geistes« übersetzen. Dieses Herz des erleuchteten Geistes zu wecken und zu entwickeln bedeutet, den Samen unserer Buddha-Natur geduldig zur Reife zu bringen; wenn unsere Praxis des Mitgefühls schließlich vollkommen und allumfassend geworden ist, erblüht dieser Same zur erhabenen, vollkommenen Buddhaschaft. Bodhichitta ist daher Ursprung, Quelle und Wurzel des gesamten spirituellen Pfades. Darum beten wir in unserer Tradition von ganzem Herzen:

> Möge das kostbare Bodhichitta in allen,
> in denen es noch nicht entstanden ist, entstehen.
> Möge das Bodhichitta in allen,
> in den es entstanden ist, nicht abnehmen,
> sondern weiter und weiter anwachsen.

26. Januar

Der Sinn des Nachdenkens über den Tod liegt in einer umfassenden Veränderung in der Tiefe unseres Herzens. Häufig wird dafür eine Phase tiefer Kontemplation in Zurückgezogenheit nötig sein, denn nur so können sich uns wirklich die Augen öffnen für das, was wir aus unserem Leben machen.

Kontemplation über den Tod wird uns ein tieferes Empfinden verleihen für das, was wir »Entsagung« nennen, *nge jung* auf Tibetisch. *Nge* bedeutet »tatsächlich« oder »definitiv«, und *jung* heißt »herauskommen«, »sich erheben« oder »geboren werden«. Als Ergebnis eines häufigen und tiefen Nachdenkens über den Tod werden wir – oft mit einem Gefühl des Überdrusses – unsere gewohnten Verhaltensmuster abstreifen. Wir werden eine zunehmende Bereitschaft entwickeln, sie loszulassen, und schließlich werden wir uns ganz von ihnen befreien, so leicht – sagen die Meister – »wie man ein Haar aus einem Stück Butter zieht«.

27. Januar

Die Dzogchen-Tantras, die alten Lehren, von denen der Bardo-Zyklus nur ein Teil ist, berichten über einen sagenhaften Vogel, den Garuda, der voll entwickelt aus dem Ei schlüpft. Dieses Bild symbolisiert unsere ursprüngliche Natur, die bereits ganz und gar vollkommen ist. Das Garudaküken hat zwar schon im Ei voll entwickelte Schwingen, fliegen kann es aber erst, wenn es geschlüpft ist. Erst in dem Moment, in dem die Schale birst, kann es hervorbrechen und sich in die Lüfte schwingen. Die Meister sagen, dass auf sehr ähnliche Weise die Eigenschaften unserer Buddhaschaft im Körper verborgen liegen und erst im Tode, wenn wir den Körper verlassen, treten sie strahlend in Erscheinung.

28. Januar

Die noch immer revolutionäre Einsicht des Buddhismus lautet: *Leben und Tod sind im Geist und nirgendwo sonst.* Der Geist ist die universale Basis aller Erfahrung – der Schöpfer von Glück und Unglück, der Schöpfer auch dessen, was wir Leben und Tod nennen.

29. Januar

Dudjom Rinpoche fuhr eines Tages mit seiner Frau durch Frankreich, und sie bewunderten die Landschaft. Als sie an einem lang gezogenen Friedhof vorbeikamen, auf dem alles frisch gestrichen und mit Blumen geschmückt war, sagte Dudjom Rinpoches Frau: »Rinpoche, sieh doch nur, wie hier im Westen alles so adrett und sauber ist. Sogar die Orte, wo sie die Leichen aufbewahren, sind makellos. In Asien sind selbst die Wohnhäuser oft nicht annähernd so sauber.«
»Ach ja«, antwortete er, »das ist ein wirklich zivilisiertes Land. Für die Körper der Toten haben sie wunderbare Häuser. Aber ist dir noch nicht aufgefallen, dass auch in ihren anderen schönen Häusern oft nur lebende Leichname wohnen?«

30. Januar

Wenn Sie sitzen und Ihr Geist nicht ganz in Einklang mit Ihrem Körper ist – wenn Sie zum Beispiel ängstlich oder sorgenvoll über etwas nachdenken –, fühlen Sie sich auch körperlich unwohl, und Schwierigkeiten treten leichter auf. Wenn jedoch Ihr Geist in einem ruhigen, inspirierten Zustand ist, wird davon auch Ihre Körperhaltung beeinflusst, und Sie können viel natürlicher und müheloser sitzen. Es ist daher äußerst wichtig, die Haltung des Körpers mit dem Vertrauen zu verbinden, das entsteht, wenn Sie die Natur Ihres Geistes erkennen.

31. Januar

Was ist die »Sicht«? Nichts weniger, als den tatsächlichen Seinszustand der Dinge, ihre Soheit, zu *sehen;* zu *wissen,* dass die wahre Natur des Geistes die wahre Natur aller Dinge ist, und zu *erkennen,* dass die wahre Natur des Geistes die absolute Wahrheit ist. Dudjom Rinpoche sagt: »Die Sicht ist das Erfassen des nackten Gewahrseins, in dem alles enthalten ist: Sinneswahrnehmungen und Existenz der Phänomene, Samsara und Nirvana. Dieses Gewahrsein hat zwei Aspekte: ›Leerheit‹ als das Absolute und ›Erscheinung‹ oder ›Wahrnehmung‹ als das Relative.«

»A«
*Diese Silbe symbolisiert »Leerheit«,
die »ungeborene« Natur der Wirklichkeit.*

1. Februar

Vor mehr als 2500 Jahren kam ein Mensch, der schon seit unendlich vielen Leben auf der Suche nach der Wahrheit war, an einen stillen Ort in Nordindien, setzte sich unter einen Baum und schwor, erst wieder aufzustehen, wenn er die Wahrheit gefunden habe. Gegen Abend, so heißt es, habe er alle dunklen Kräfte der Verblendung besiegt, und früh am nächsten Morgen, als der Morgenstern am dämmernden Himmel aufging, wurde dieser Mensch für seine schier endlose Geduld, Disziplin und makellose Konzentration belohnt, indem er das letztendliche Ziel menschlicher Existenz erlangte: die Erleuchtung.

In diesem geheiligten Augenblick erschauerte selbst die Erde, als sei sie »trunken vor Glückseligkeit«, und die Schriften erzählen uns von diesem Moment: »Nirgendwo war mehr jemand zornig, krank oder traurig, niemand tat Böses, niemand war stolz; die Welt war ganz still geworden, als sei sie endlich vollkommen.« Dieser Mensch ist als der Buddha bekannt geworden.

2. Februar

Greifen und Festhalten sind die Quellen all unserer Probleme. Da Vergänglichkeit für uns gleichbedeutend ist mit Schmerz, klammem wir uns verzweifelt an die Dinge, obwohl sie sich ständig ändern. Wir haben Angst loszulassen, wir haben Angst, wirklich zu leben, weil *leben zu lernen bedeutet, loslassen zu lernen*. Es liegt eine Tragikomik in unserem krampfhaften Festhalten: Es ist nicht nur vergeblich, sondern es beschert uns genau den Schmerz, den wir um jeden Preis vermeiden wollen.

Die Absicht hinter dem Greifen ist nicht unbedingt schlecht. Es ist an sich nichts falsch an dem Wunsch, glücklich sein zu wollen; weil aber das, wonach wir greifen, von Natur aus ungreifbar ist, schaffen wir uns immer nur Frustration und Leid. Die Tibeter sagen, man kann sich seine schmutzigen Hände nicht zweimal im selben Fluss waschen, und: »Wie sehr du eine Hand voll Sand auch pressen magst – du wirst niemals Öl daraus gewinnen.«

3. Februar

Eine Welle im Ozean scheint in gewisser Hinsicht eine unterscheidbare Identität zu besitzen: Anfang und Ende, Geburt und Tod. Auf andere Weise betrachtet, existiert die Welle nicht wirklich, sondern ist einfach das Verhalten von Wasser, »leer« von eigenständiger Identität, aber »voll« von Wasser. Wenn Sie wirklich über die Welle nachdenken, erkennen Sie, dass sie von Wind und Wasser zeitweilig hervorgerufen wird und abhängig ist von einer Reihe sich dauernd verändernder Bedingungen. Sie verstehen auch, dass jede Welle mit jeder anderen verbunden ist.

4. Februar

Was wir in unserem Leben getan haben, formt uns zu dem, der wir sind, wenn wir sterben. Und alles, wirklich alles, zählt.

5. Februar

Was ist Meditation im Dzogchen? Sie besteht einfach darin, unabgelenkt in der einmal eingeführten Sicht zu ruhen. Dudjom Rinpoche beschreibt sie folgendermaßen: »Meditation bedeutet, dem Zustand von Rigpa gegenüber achtsam offen zu sein, frei von geistigen Konstruktionen, gleichzeitig völlig entspannt und ohne Ablenkung oder Greifen. Denn es heißt: ›Meditation bedeutet nicht, sich abzumühen, sondern ganz natürlich in diesem Zustand aufzugehen‹.«

6. Februar

Die Zellen in unserem Körper sterben, die Neuronen in unserem Hirn zerfallen, selbst unser Gesichtsausdruck ändert sich ständig, je nach vorherrschender Stimmung. Was wir unseren Charakter nennen, ist lediglich ein »Bewusstseinsstrom«, nicht mehr. Heute fühlen wir uns wohl, weil alles gut läuft; morgen fühlen wir uns elend. Wo ist das Wohlgefühl geblieben? Neue Einflüsse haben von uns Besitz ergriffen, die Umstände haben sich geändert: Wir sind vergänglich, die Einflüsse sind vergänglich, und nirgendwo gibt es etwas Solides oder Dauerhaftes, auf das wir uns verlassen könnten.

Was könnte weniger vorhersagbar sein als unsere Gedanken und Emotionen: Haben Sie auch nur die geringste Vorstellung davon, was Sie als Nächstes denken oder fühlen werden? Unser Geist ist in der Tat so substanzlos, so vergänglich und so flüchtig wie ein Traum. Schauen Sie sich einen Gedanken an: Er kommt, er bleibt und er geht. Der vergangene Gedanke ist vorbei, der zukünftige noch nicht aufgetaucht und selbst der gegenwärtige Gedanke ist, sobald er uns bewusst wird, schon vorbei, Vergangenheit.

Das Einzige, was wir wirklich haben, ist das Hier und Jetzt.

7. Februar

Die essenzielle Natur des Geistes

Worte können sie nicht beschreiben
Kein Beispiel kann sie verdeutlichen
Samsara macht sie nicht schlechter
Nirvana macht sie nicht besser
Sie wurde niemals geboren
Sie hat niemals aufgehört
Sie wurde niemals befreit
Sie war niemals verblendet
Sie hat niemals existiert
Sie war niemals nicht-existent
Sie hat keinerlei Grenzen
Sie fällt in keine Kategorie

DUDJOM RINPOCHE

8. Februar

Der Mensch ist ein Teil des Ganzen, das wir »Universum« nennen, ein in Raum und Zeit begrenzter Teil. Er erfährt sich selbst, seine Gedanken und Gefühle als getrennt von allem anderen – eine Art optische Täuschung des Bewusstseins. Diese Täuschung ist wie ein Gefängnis für uns, das uns auf unsere eigenen Vorlieben und auf die Zuneigung zu wenigen uns nahe Stehenden beschränkt. Unser Ziel muss es sein, uns aus diesem Gefängnis zu befreien, indem wir den Horizont unseres Mitgefühls erweitern, bis er alle lebenden Wesen und die gesamte Natur in all ihrer Schönheit umfasst.

Albert Einstein

9. Februar

Es verlangt großes Geschick, mit Zweifeln angemessen umzugehen, und mir ist aufgefallen, dass nur wenige Menschen eine Vorstellung davon haben, wie man Zweifel nutzbringend einsetzen kann. Liegt nicht eine traurige Ironie darin, dass in einer Gesellschaft, die das abfällige Bezweifeln derart bewundert, praktisch niemand den Mut hat, den Zweifel selbst in Frage zu stellen – also das zu tun, wozu ein Hindu-Meister geraten hat: die Hunde des Zweifels auf den Zweifel selbst zu hetzen, um seinen Zynismus bloßzustellen und aufzudecken, aus wie viel Angst, Verzweiflung, Hoffnungslosigkeit und zermürbender Konditionierung er entspringt und sich nährt?

Dann wäre Zweifel nicht länger ein Hindernis, sondern ein Tor zur Verwirklichung; und wann immer ein Zweifel im Geist des Suchenden aufkäme, würde er ihn als eine Herausforderung begrüßen, noch tiefer in die Wahrheit einzudringen.

10. Februar

Das Ego ist die Abwesenheit des wahren Wissens um unser eigentliches Selbst, zusammen mit den entsprechenden Konsequenzen: ein verhängnisvolles Klammern um jeden Preis an ein zusammengestückeltes, behelfsmäßiges Selbstbild, ein unvermeidlich trügerisches Scharlatan-Selbst, das sich wie ein Chamäleon andauernd verändern muss, um die Fiktion seiner Existenz am Leben zu erhalten.

Das tibetische Wort für Ego, *dakdzin*, bedeutet »Greifen nach einem Selbst«. Damit wird das Ego definiert als unaufhörliche Bewegung des Greifens nach der trügerischen Wahrnehmung eines »Ich« und »mein«, »Selbst« und »anderen«, und es beinhaltet alle Konzepte, Ideen, Begierden und Aktivitäten, die diese falsche Konstruktion aufrechterhalten. Dieses Greifen ist von Anfang an sinnlos, zum Scheitern verurteilt und muss zu Frustration führen, denn das, wonach wir greifen, ist von seinem Wesen her ungreifbar, entbehrt es doch jeglicher Basis oder wahren Identität. Die Tatsache, dass wir überhaupt zwanghaft greifen müssen und nicht damit aufhören können, zeigt, dass wir in unserem tiefsten Innern sehr wohl um die eigentliche Nicht-Existenz dieses Selbst wissen. Aus diesem insgeheimen, nervenaufreibenden Wissen resultieren all unsere grundlegenden Unsicherheiten und Ängste.

11. Februar

Ihr Mitgefühl kann in dreierlei Hinsicht von wesentlichem Nutzen für einen sterbenden Menschen sein: Es öffnet Ihr Herz, und daher werden Sie es zunächst einmal leichter finden, dem Sterbenden die bedingungslose Liebe zu schenken, die er so dringend braucht.

Indem Sie versuchen, Ihr Mitgefühl auszudrücken und aus dem Herzen Ihres Mitgefühls heraus zu handeln, können Sie auf einer tieferen, spirituellen Ebene eine Atmosphäre schaffen, durch die der andere möglicherweise inspiriert wird, sich erstmals eine spirituelle Dimension vorzustellen oder vielleicht sogar selbst eine spirituelle Praxis aufzunehmen.

Wenn Sie beständig Mitgefühl für den Sterbenden üben und ihn außerdem dazu ermutigen können, dasselbe zu tun, dann mag es geschehen, dass Sie ihn nicht nur spirituell heilen, sondern vielleicht sogar körperlich. Mit höchstem Erstaunen werden Sie dabei selbst erfahren, was alle spirituellen Meister wissen: *Die Kraft des Mitgefühls ist grenzenlos.*

12. Februar

Ein Zen-Meister hatte einen vertrauensvollen, aber sehr naiven Schüler, der ihn als lebenden Buddha verehrte. Eines Tages nun setzte sich der Lehrer versehentlich auf eine Nadel. »Autsch!«, schrie er laut und machte einen Luftsprung. Der Schüler verlor augenblicklich seinen Glauben und verließ enttäuscht den Meister, den er nun nicht mehr für voll erleuchtet hielt. Wie hätte dieser sonst, so dachte er, so profan aufspringen und schreien können? Dem Meister tat es Leid um den Schüler: »Schade um den armen Kerl! Wenn er doch nur begriffen hätte, dass in Wirklichkeit weder ich noch die Nadel, noch das ›Autsch‹ wirklich existiert haben.«

13. Februar

Folge dem Beispiel einer alten Kuh:
Sie ist es zufrieden, in der Scheune zu schlafen.
Du musst essen, schlafen und scheißen –
Das ist unvermeidlich –,
Darüber hinaus braucht dich nichts zu kümmern.
Tu, was du zu tun hast,
Und bleibe für dich.

PATRUL RINPOCHE

14. Februar

Von allen mir bekannten Übungen ist die Praxis des *tonglen*, was im Tibetischen »Geben und Nehmen« bedeutet, eine der nützlichsten und wirksamsten. Wenn Sie sich in sich selbst verschlossen fühlen, öffnet Tonglen Sie für die Wirklichkeit des Leidens der anderen; wenn Ihr Herz blockiert ist, zerstört diese Praxis die hemmenden Kräfte; und wenn Ihnen der leidende Mensch vor Ihnen fremd vorkommt oder wenn Sie verbittert oder verzweifelt sind, hilft Tonglen Ihnen, das liebevolle, offene Strahlen Ihrer eigenen wahren Natur zu entdecken und schließlich auch zum Vorschein zu bringen. Ich kenne keine andere Übung, die so wirkungsvoll wie diese das Festhalten am Selbst, die Selbstsucht und Selbstzufriedenheit des Ego – die Wurzeln all unseres Leids und aller Hartherzigkeit –, zerstört.
Einfach ausgedrückt, besteht die Tonglen-Praxis des Gebens und Nehmens darin, das Leid und den Schmerz der anderen auf sich zu nehmen und ihnen Ihr Glück, Ihr Wohlbefinden und Ihren geistigen Frieden zu geben.

15. Februar

Ich weiß aus eigener Erfahrung, wie schwer es ist, sich vorzustellen, die Leiden anderer, besonders die von Kranken oder Sterbenden, auf sich zu nehmen, ohne vorher die Stärke und das Vertrauen tiefen Mitgefühls in sich aufgebaut zu haben. Diese Stärke und dieses Vertrauen sind es, die Ihrer Übung die Kraft geben, das Leid anderer zu transformieren. Das ist auch der Grund, warum ich immer wieder rate, die Tonglen-Praxis zunächst erst einmal auf sich selbst anzuwenden. Bevor Sie anderen Liebe und Mitgefühl entgegenbringen können, müssen Sie sie zuerst in sich selbst entdecken, erschaffen, vertiefen und stärken, und Sie müssen sich von Unsicherheit, Verzweiflung, Angst und Zorn befreien, die Sie daran hindern, Tonglen von ganzem Herzen zu praktizieren.

16. Februar

Die Integration der Meditation ins Handeln ist die Grundlage, ist Sinn und Zweck der Meditation. Die Gewaltsamkeit und der Stress, die Herausforderungen und Ablenkungen des modernen Lebens lassen diese Integration nur noch dringlicher werden.

Wie nun können wir diese Integration erreichen, diese Durchdringung des Alltags mit dem stillen Humor und der großzügigen Gelassenheit der Meditation? Hier gibt es keinen Ersatz für regelmäßige Praxis. Denn nur durch echte Übung werden wir beginnen, die Ruhe der Natur unseres Geistes ununterbrochen zu spüren, und so die Fähigkeit erlangen, diese Erfahrung in unserem Alltagsleben aufrechtzuerhalten.

Wenn Sie das wirklich erreichen wollen, dürfen Sie die Praxis nicht nur als gelegentliche Medizin oder Therapie ausüben, sondern als ob sie Ihr täglich Brot wäre.

17. Februar

Wenn wir den Lehren folgen und aufrichtig üben, müssen wir uns unvermeidlich bestimmten – sehr deutlichen – Wahrheiten über uns selbst stellen. Wir werden die Punkte sehen, wo wir immer hängen bleiben. Wir werden die Gewohnheitsmuster und Strategien erkennen, die Erbe unseres negativen Karmas sind und die wir andauernd wiederholen und verstärken. Wir werden sehr speziellen Dingen im Zusammenhang mit uns selbst begegnen – müden alten Erklärungen unserer selbst und unserer Welt, die wir, obwohl es Missverständnisse sind, stur für authentisch halten und die so immer wieder unsere gesamte Sicht der Wirklichkeit zerstören.

Wenn wir aber Ausdauer auf dem spirituellen Pfad entwickeln, dranbleiben und uns selbst aufrichtig betrachten, dann beginnt uns mehr und mehr zu dämmern, dass diese Wahrnehmungen nichts anderes sind als ein Netz von Illusionen. Und einfach nur einzugestehen, dass wir verwirrt sind, selbst wenn es uns nicht einmal gelingen sollte, das voll und ganz zu akzeptieren, kann schon ein bisschen vom Licht des Verstehens bringen und einen neuen Prozess in uns auslösen – einen Prozess, der letztlich zu unserer Heilung führen wird.

18. Februar

Wir alle haben das Karma, dem einen oder anderen spirituellen Pfad zu folgen, und ich möchte Sie von ganzem Herzen bitten, mit völliger Aufrichtigkeit dem Weg zu folgen, der Sie am meisten inspiriert.

Wenn Sie in Ihrem Suchen niemals zu einem Ende kommen, wird das Suchen selbst irgendwann zur Besessenheit und gewinnt die Kontrolle über Sie. Sie werden zu einem spirituellen Touristen, der geschäftig hin und her reist, aber nie irgendwo ankommt. Patrul Rinpoche sagte dazu: »Du lässt deinen Elefanten zu Hause und suchst dann im Wald nach seinen Spuren.« Die Mahnung, nur *einer* Lehre zu folgen, ist kein Mittel, um Sie einzuengen oder eifersüchtig dominieren zu wollen. Sie ist mitfühlend gemeint und soll Ihnen helfen, zentriert und auf dem Pfad zu bleiben, allen Hindernissen zum Trotz, die Ihnen von Ihrer Umwelt und auch von Ihnen selbst unweigerlich in den Weg gestellt werden.

19. Februar

Auf zwei Dinge kommt es im Moment des Todes vor allem an: auf unsere Taten im Leben und den Zustand unseres Geistes in jenem Augenblick. Selbst wenn wir sehr viel negatives Karma angesammelt haben sollten, können wir durch einen von Herzen kommenden Wandel unsere Zukunft auch dann noch ganz entscheidend beeinflussen und unser Karma transformieren, denn der Moment des Todes stellt eine höchst machtvolle Gelegenheit zur Reinigung von Karma dar.

20. Februar

Eine Technik, die im Tibetischen Buddhismus sehr häufig angewendet wird, ist das Rezitieren eines Mantra. Mantra heißt so viel wie »das, was den Geist schützt« – das, was den Geist vor Negativität schützt oder was Sie vor Ihrem eigenen Geist schützt.

Wenn Sie nervös, desorientiert oder emotional instabil sind, kann das inspirierende Singen oder Rezitieren eines Mantra Ihren Zustand völlig verändern, indem es Energie und Atmosphäre des Geistes verwandelt. Wie ist das möglich? Ein Mantra ist die Essenz von Klang und die Verkörperung der Wahrheit in der Form von Klang. Jede Silbe ist durchdrungen von spiritueller Kraft, verdichtet eine tiefe spirituelle Wahrheit. Ein Mantra bringt den Segen der Sprache aller Buddhas zum Schwingen. Man sagt auch, dass der Geist auf der feinstofflichen Energie des Atems *(prana)* »reitet«, die durch die feinstofflichen Kanäle des Körpers zirkuliert. Wenn Sie also ein Mantra singen, laden Sie Ihren Atem und damit auch diese Energie mit der Kraft des Mantra auf und arbeiten auf diese Weise direkt mit dem Geist und dem feinstofflichen Körper.

21. Februar

Das Mantra, das ich meinen Schülern empfehle, lautet:

OM AH HUM VAJRA GURU PADMA SIDDHI HUM

Die Tibeter sprechen es *Om Ah Hung Benza Guru Pema Siddhi Hung*. Es ist das Mantra von Padmasambhava, das Mantra aller Buddhas, Meister und verwirklichten Wesen, und es ist außerordentlich kraftvoll und wirksam im Hinblick auf Frieden, Heilung, Transformation und als Schutz in diesem von Gewalt geprägten, chaotischen Zeitalter.
Rezitieren Sie das Mantra ganz ruhig, mit tiefer Aufmerksamkeit, und lassen Sie Ihren Atem, das Mantra und Ihr Gewahrsein langsam eins werden. Oder singen Sie es auf inspirierende Weise, und ruhen Sie dann in der ganz besonderen Stille, die manchmal darauf folgt.

22. Februar

Warum leben wir in solch panischer Angst vor dem Tod? Vielleicht ist die tiefste Ursache unserer Angst die Tatsache, dass wir nicht wissen, wer wir eigentlich sind. Wir glauben an eine persönliche, einzigartige und unabhängige Identität. Wagen wir es aber, diese Identität näher zu untersuchen, dann finden wir heraus, dass sie völlig abhängig ist von einer endlosen Reihe von Dingen: von unserem Namen, unserer »Biografie«, von Partner, Familie, Heim, Beruf, Freunden, Kreditkarten... Auf diesen brüchigen und vergänglichen Stützen beruht unsere Sicherheit. Wenn uns all das genommen würde, wüssten wir dann noch, wer wir wirklich sind?

Wir leben in einer neurotischen Märchenwelt unter einer angenommenen Identität, die nicht wirklicher ist als die Schildkröte aus *Alice im Wunderland*. Fasziniert vom Abenteuer des Bauens, haben wir das Haus unseres Lebens auf Sand errichtet.

Diese Welt kann wunderbar überzeugend wirken, bis der Tod plötzlich die Illusion zerschlägt und uns aus unseren Schlupflöchern treibt. Was wird dann aus uns werden, wenn wir keine Ahnung von einer tieferen Wirklichkeit haben?

23. Februar

Wir nehmen unsere Umgebung auf unsere eigene Weise wahr, weil wir unsere Erfahrung der inneren und äußeren Wirklichkeit Leben für Leben wiederholt und stets auf die gleiche Weise verfestigt haben. Diese eingefahrene, gewohnheitsmäßige Wahrnehmung hat uns schließlich zu der fälschlichen Annahme geführt, das, was wir sehen, sei objektiv real. Wenn wir auf dem spirituellen Pfad fortschreiten, lernen wir, direkt an diesen fixierten Wahrnehmungsmustern zu arbeiten. All unsere Konzepte von der Welt, der Materie und sogar von uns selbst werden geklärt und aufgelöst, und ein vollständig neues Feld der Wahrnehmung – das man durchaus »himmlisch« nennen könnte – eröffnet sich. Blake sagte:

> Wenn die Pforten der Wahrnehmung gereinigt wären,
> Erschiene alles... wie es ist – unendlich.

24. Februar

So wie der Buddha sagte, dass von all denen, die Erleuchtung erlangt haben, dies keinem je ohne die Unterstützung durch einen Meister gelungen ist, so sagte er auch: »Einzig und allein durch Hingabe kann man die absolute Wahrheit erkennen.«
Es ist also unumgänglich, wahre Hingabe kennen zu lernen. Sie ist niemals blinde Anbetung; sie verlangt auf keinen Fall das Aufgeben der Eigenverantwortung und fordert erst recht nicht, kritiklos den Launen eines anderen Menschen zu folgen. Wahre Hingabe ist eine ungebrochene Empfänglichkeit für die Wahrheit. Wahre Hingabe hat ihre Wurzeln in einer ehrfurchtsvollen Dankbarkeit, die zugleich klar, geerdet und intelligent ist.

25. Februar

Als Buddhist sehe ich im Tod einen normalen Prozess. Ich akzeptiere ihn als Realität, der ich so lange ausgesetzt bin, wie meine irdische Existenz dauert. Da ich weiß, dass ich mich dem Tod nicht entziehen kann, sehe ich keinen Sinn darin, mich vor ihm zu fürchten. Ich betrachte den Tod eher wie einen Kleiderwechsel und nicht als endgültigen Schlusspunkt. Doch der Tod ist nicht vorherzusehen: Wir wissen weder wann noch wie er uns ereilen wird. Daher ist es klug, sich auf ihn vorzubereiten, bevor es so weit ist.

Dalai Lama

26. Februar

In den Dzogchen-Lehren heißt es, dass Ihre *Sicht und Körperhaltung* wie ein Berg sein sollen. Ihre Sicht ist die Summe Ihres gesamten Verständnisses und Ihrer Einsicht in die Natur des Geistes, die Sie in die Meditation einbringen. Diese Sicht überträgt sich auf Ihre Haltung und inspiriert Sie, und so drücken Sie Ihr innerstes Wesen aus durch die Art, wie Sie sitzen.

Wie heftig die Stürme ihn auch umtoben und wie dicht die dunklen Wolken sich um seinen Gipfel ballen – ein Berg ruht immer vollkommen entspannt und gelassen in sich selbst, mit unerschütterlicher Majestät.

Sitzen Sie also wie ein Berg, und lassen Sie Ihren Geist sich erheben, lassen Sie ihn gleiten und schweben.

27. Februar

Stellen Sie sich selbst zwei Fragen: Bin ich mir in jedem Augenblick bewusst, dass ich sterben werde, so wie jeder und alles andere auch, und begegne ich aus dieser Erkenntnis heraus allen Lebewesen jederzeit mit Mitgefühl? Ist mein Verständnis von Tod und Vergänglichkeit so wach und drängend, dass ich jede Sekunde dem Streben nach Erleuchtung widme? Wenn Sie beide Fragen mit »Ja« beantworten können, haben Sie Vergänglichkeit wirklich verstanden.

28. Februar

Der ganze Sinn von Meditation im Dzogchen besteht darin, Rigpa zu stärken, zu stabilisieren und sich voll entfalten zu lassen. Der normale, von Gewohnheiten geprägte Geist mit seinen Projektionen ist äußerst hartnäckig. Er kehrt schnell zurück und hat uns leicht wieder im Griff, sobald wir unaufmerksam oder abgelenkt sind. Wie Dudjom Rinpoche zu sagen pflegte: »Gegenwärtig ist unser Rigpa wie ein kleines Kind, ausgesetzt auf dem Schlachtfeld starker, aufsteigender Gedanken.« Ich sage gern, dass wir uns zunächst einmal in der geschützten Atmosphäre der Meditation um unser Baby-Rigpa kümmern müssen.

RIGPA
*Das ursprüngliche, reine Gewahrsein,
das die innerste, essenzielle Natur des Geistes ist*

1. März

Die Übung der Achtsamkeit enthüllt Ihre essenzielle Gutherzigkeit, weil sie die Unfreundlichkeit und das Verletzende von Ihnen nimmt. Erst wenn wir die Böswilligkeit in uns selbst beseitigt haben, können wir für andere wirklich von Nutzen sein. Indem wir also durch die Übung langsam unsere Boshaftigkeit loswerden, lassen wir unser gutes Herz, das grundlegende Gutsein unserer wahren Natur, aufscheinen und zu dem warmen, inneren Klima werden, das unser wahres Wesen zum Erblühen bringt.

Aus diesem Grunde bezeichne ich Meditation gern als echte Friedensarbeit, als wahre Praxis der Aggressions- und Gewaltlosigkeit und als die eigentliche und umfassendste Abrüstung.

2. März

Was für Gedanken und Emotionen sich auch immer einstellen mögen – lassen Sie sie einfach entstehen und wieder vergehen, wie Wellen im Ozean. Was immer Sie denken, lassen Sie die Gedanken auftauchen und wieder verschwinden, ohne irgendeinen Zwang. Greifen Sie nicht nach ihnen, nähren Sie sie nicht und schwelgen Sie nicht in ihnen, haften Sie nicht an ihnen und versuchen Sie nicht, sie zu verfestigen. Folgen Sie den Gedanken nicht, noch laden Sie sie ein. Seien Sie wie der Ozean, der seine Wellen betrachtet, oder wie der Himmel, der auf die Wolken, die durch ihn hindurchziehen, hinabschaut.

Sie werden bald merken, dass Gedanken kommen und gehen wie der Wind. Das Geheimnis ist, nicht über die Gedanken nachzudenken, sondern sie einfach fließen zu lassen, gleichzeitig aber den Geist »frei von Nachgedanken« zu halten.

3. März

»Ich bin nun achtundsiebzig Jahre alt und habe in meinem Leben so manches gesehen. So viele junge Menschen sind gestorben, so viele Menschen in meinem Alter und so viele, die älter waren als ich. So viele Menschen, die an der Spitze standen, sind tief gefallen. So viele Menschen, die unten waren, sind nach oben gekommen. So viele Länder haben sich verändert. Es hat so viel Aufruhr und Katastrophen gegeben, so viele Kriege und Seuchen, so viel grauenhafte Zerstörung überall auf der Welt. Und doch sind all diese Veränderungen nicht wirklicher als ein Traum. Wenn du tief genug schaust, erkennst du, dass nichts dauerhaft und beständig ist, nichts, nicht einmal das kleinste Härchen auf deinem Körper. Und das ist keine bloße Theorie, sondern etwas, was du wirklich selbst erkennen und mit deinen eigenen Augen sehen kannst.«

Dilgo Khyentse Rinpoche

4. März

Der Buddha saß bescheiden und in heiterer Würde auf der Erde, den Himmel über sich und um sich, als wolle er uns demonstrieren, dass wir in der Meditation mit einer offenen, himmelsgleichen Geisteshaltung sitzen, gleichzeitig aber präsent und geerdet bleiben. Der Himmel ist unsere absolute Natur, die keine Grenzen kennt und unermesslich ist, und der Boden ist unsere Wirklichkeit, unsere relative, gewöhnliche Bedingtheit. Die Haltung, die wir in der Meditation einnehmen, zeigt, dass wir das Absolute und das Relative, oben und unten, Himmel und Erde verbinden; wie die zwei Schwingen eines Vogels symbolisiert sie die innige Verbundenheit der himmelsgleichen, unsterblichen Natur des Geistes mit dem Boden unserer flüchtigen, sterblichen Existenz.

5. März

Jeder, der das Leben ohne Vorbehalte betrachtet, wird erkennen, dass wir Menschen im Zustand permanenter Spannung und Ungewissheit leben. Unser Geist wechselt ständig zwischen Klarheit und Verwirrung. Das wirklich Verblüffende am Leben aber ist, dass wir trotz all unserer Verwirrtheit manchmal wirklich weise sein können!
Diese dauernde Unsicherheit lässt alles undurchschaubar und beinahe hoffnungslos erscheinen; wenn wir aber tiefer blicken, sehen wir, dass es die Natur eben dieser Unsicherheit ist, immer wieder Lücken zu erzeugen, Räume, in denen sich ständig große Chancen und Gelegenheiten zu umfassender Veränderung auftun – wenn es uns gelingt, so muss man wohl hinzufügen, sie als solche zu erkennen und zu nutzen.

6. März

Die Natur des Geistes bildet den Hintergrund für die Gesamtheit von Leben und Tod – wie der Himmel, der das ganze Universum hält.

7. März

Wenn wir sterben, lassen wir alles zurück, vor allem unseren Körper, den wir so sehr geschätzt haben, auf den wir uns blind verlassen haben und den wir so angestrengt versucht haben, am Leben zu erhalten. Aber auch unser Geist ist um keine Spur verlässlicher als unser Körper. Schauen Sie sich Ihren Geist einmal für nur wenige Minuten an.

Sie werden sehen, er ist wie ein Floh: Andauernd hüpft er hin und her. Sie werden merken, dass Gedanken ohne jede Ursache erscheinen und ohne Verbindung miteinander. Mitgerissen vom Chaos des jeweiligen Augenblicks, sind wir das Opfer der Unbeständigkeit unseres Geistes. Wenn das der einzige Bewusstseinszustand ist, den wir kennen, dann wäre es ein absurdes Glücksspiel, uns im Augenblick des Todes auf diesen Geist verlassen zu wollen.

8. März

In seiner ersten Lehrrede erklärte der Buddha, dass die Wurzelursache des Leids das Nicht-Erkennen, die Unwissenheit ist. Aber was genau ist diese Unwissenheit? Und wo und wie zeigt sie sich, wie wird sie manifest? Nehmen wir ein ganz alltägliches Beispiel: Denken wir an Menschen, die mit großer Intelligenz gesegnet sind und die sehr stringente Ideen entwickeln können. Ist es nicht erstaunlich, dass eben diese Intelligenz sie nur noch stärker leiden lässt, statt ihnen hilfreich und nützlich zu sein, wie man doch erwarten sollte? Es ist fast so, als sei ihre Intelligenz geradezu verantwortlich für das Ausmaß ihres Schmerzes.
Was hier geschieht, ist eigentlich ganz klar. Diese unsere Intelligenz steht unter der Diktatur unseres Nicht-Erkennens, der Unwissenheit, die dann ganz nach Belieben, zu ihrem eigenen Nutzen, Gebrauch von ihr macht, sie für ihre eigenen Zwecke einsetzt. Das ist der Grund, warum wir gleichzeitig außerordentlich intelligent sein und trotzdem völlig danebenliegen können.

9. März

Hin und wieder erhaschen wir einen flüchtigen Eindruck von der Natur des Geistes – inspiriert vielleicht von einem schönen Musikstück, von dem ruhigen Glück, das wir manchmal in der Natur empfinden, oder auch von ganz gewöhnlichen Alltagserlebnissen: Während man einfach zuschaut, wie der Schnee sachte fällt, wie die Sonne am Horizont aufgeht oder wie ein Sonnenstrahl auf geheimnisvoll bewegende Weise ins Zimmer fällt. Solche Augenblicke der Einsicht, des Friedens und der Glückseligkeit kennen wir alle, und sie bleiben uns auf eigenartige Weise in Erinnerung.

Ich glaube, dass wir diese Einblicke manchmal sogar beinahe verstehen, aber die moderne Gesellschaft liefert uns keinen Rahmen oder Sinnzusammenhang, in dem wir sie begreifen könnten. Schlimmer noch: Statt uns zu ermutigen, diesen Einblicken nachzugehen und nach ihrem Ursprung zu forschen, gibt man uns – sowohl unterschwellig als auch ganz offen – zu verstehen, dergleichen besser rasch zu vergessen. Daher ignorieren wir, was eigentlich die größte Offenbarung unseres Lebens sein könnte, wenn wir es nur erkennen würden. Es ist vielleicht der dunkelste und beunruhigendste Aspekt der modernen Zivilisation, dass sie das, *was wir in Wirklichkeit sind,* nicht zur Kenntnis nimmt und sogar unterdrückt.

10. März

Erkenne alle Dinge als so beschaffen:
Wie eine Luftspiegelung, ein Luftschloss,
Einen Traum, eine Erscheinung,
Ohne Essenz, aber mit Eigenschaften,
Die wahrgenommen werden können.
Erkenne alle Dinge als so beschaffen:
Wie den Mond am klaren Himmel, der
In einem reinen See sich spiegelt,
Obwohl er nie zum See sich hinbewegt.
Erkenne alle Dinge als so beschaffen:
Wie ein Echo von
Musik, Klängen und Stimmen,
Im Echo selbst jedoch liegt keine Melodie.
Erkenne alle Dinge als so beschaffen:
Wie eines Magiers Illusion
Von Pferden, Ochsen, Karren und anderem –
Nichts ist so, wie es scheint.

Buddha

11. März

Mitgefühl ist unser bestmöglicher Schutz, und wie die großen Meister der Vergangenheit schon immer wussten, ist es auch die ergiebigste Quelle der Heilung. Wenn Sie eine schwere Krankheit haben und sich voller Mitgefühl vorstellen, dass Sie zusätzlich zu Ihrer eigenen Krankheit auch die Krankheiten anderer auf sich nehmen, die leiden wie Sie selbst, reinigen Sie ganz zweifellos das negative Karma, das die Ursache für Ihr jetziges und jedes zukünftige Leiden ist. Ich erinnere mich an viele außergewöhnliche Fälle in Tibet, in denen Menschen, nachdem sie von ihrer unheilbaren Krankheit erfahren hatten, ihren gesamten Besitz verschenkten und auf den Friedhof gingen, um den Tod zu erwarten. Dort praktizierten sie das Annehmen des Leidens der anderen – oft mit der verblüffenden Wirkung, dass sie, anstatt zu sterben, völlig geheilt heimkehren konnten.

12. März

Obwohl die Ergebnisse unserer Handlungen jetzt noch nicht ausgereift sein mögen: Sobald sich die passenden Umstände ergeben, werden sie in jedem Fall zur Entfaltung kommen. Gewöhnlich vergessen wir, was wir tun, und die Ergebnisse unserer Handlungen holen uns erst lange Zeit später ein. Bis dahin sind wir schon nicht mehr in der Lage, sie noch mit ihren Ursachen in Verbindung zu bringen. »Stell dir einen Adler vor«, schlägt Jikme Lingpa vor, »er fliegt so hoch oben am Himmel, dass auf dem Boden kein Schatten auf ihn hinweist. Plötzlich erspäht er eine Beute und schießt im Sturzflug hinunter. Und wenn er der Erde nah genug ist, erscheint plötzlich auch sein drohender Schatten.«

13. März

Das vorbereitende Training von Meditation und Reinigung lässt Herz und Geist des Schülers sich entwickeln und sensibilisiert ihn für das direkte Verständnis der Wahrheit.

Im machtvollen Moment der Einführung kann der Meister dann seine Verwirklichung der Natur des Geistes – das, was wir seinen »Weisheitsgeist« nennen – in den Geist des nunmehr wahrhaft empfänglichen Schülers senken. Der Meister zeigt ihm hierbei tatsächlich, was Buddhaschaft in Wirklichkeit ist. Mit anderen Worten: Er erweckt den Schüler zur lebendigen Präsenz der Erleuchtung, die in ihm liegt. In dieser Erfahrung verschmelzen der Buddha, die Natur des Geistes und der Weisheitsgeist des Meisters und werden als Einheit gesehen.

Ohne den Schatten eines Zweifels erkennt der Schüler nun in einer Woge von Dankbarkeit, dass es zwischen Schüler und Lehrer, zwischen dem Weisheitsgeist des Meisters und der Natur des Geistes des Schülers nicht die geringste Trennung gibt, dass es sie nie gegeben hat und niemals geben wird.

14. März

Die Natur von allem ist illusorisch und flüchtig,
Wesen mit dualistischer Sicht halten Leiden für
　Glück,
Denen vergleichbar, die Honig vom Rasiermesser
　schlecken.
Wer an konkreter Wirklichkeit festhält, ist
　bemitleidenswert:
Richtet das Gewahrsein nach innen, Freunde
　meines Herzens.

Nyoshul Khen Rinpoche

15. März

Es heißt, dass der Buddha in jener folgenschweren Nacht, da er Erleuchtung erlangte, verschiedene Stufen des Erwachens durchlaufen habe. Auf der Ersten richtete er seinen Geist, der »gesammelt und gereinigt, ohne Makel, frei von Verblendung, geschmeidig, flexibel und unerschütterlich« geworden war, auf seine früheren Leben. Folgendes hat er uns über diese Erfahrung zu berichten:

> Ich erinnerte mich an viele frühere Existenzen: eine Geburt, zwei, fünf... fünfzig, hundert... Hunderttausende, in verschiedenen Weltzeitaltern. Ich wusste alles über diese verschiedenen Leben: Wann sie stattgefunden hatten, wie mein Name gewesen war, wer meine Eltern gewesen und was ich getan hatte. Ich durchlebte nochmals das Gute und das Schlechte sowie das Ende eines jeden Lebens und kam wieder und wieder auf die Erde zurück. Auf diese Weise erinnerte ich mich an unzählige vergangene Existenzen mit all ihren Eigenarten und den genauen Umständen. Dieses Wissen erlangte ich während der ersten Nachtwache.

16. März

Viele Leben in Unwissenheit haben uns dazu gebracht, unser ganzes Sein mit dem Ego zu identifizieren. Egos größter Triumph aber ist es, uns zu dem Glauben zu verleiten, seine Interessen seien auch die unseren, ja es macht uns sogar weis, dass unser Überleben an das seine gebunden sei. Das ist übelster Zynismus, wenn man bedenkt, dass das Ego und sein Greifen ja die Wurzel all unseres Leidens ist. Doch das Ego ist ausgesprochen überzeugend, und wir sind so lange sein Opfer gewesen, dass allein der Gedanke, jemals ichlos zu werden, uns in schiere Panik versetzt. Ichlos zu sein, so raunt uns das Ego zu, bedeute, all den reichen Zauber des Menschseins zu verlieren und zu einem farblosen Roboter oder hirnlosen Gemüse reduziert zu werden.

17. März

Die außerordentlichen Qualitäten großer Meister, die ihre wahre Natur nicht offen zeigen, sind für uns gewöhnliche Menschen trotz eingehendster Untersuchung nicht zu erkennen. Andererseits können selbst simple Scharlatane andere meisterhaft täuschen, indem sie wie Heilige tun.

PATRUL RINPOCHE

18. März

Wenn Sie fortgesetzt über Mitgefühl meditieren und dann jemandem begegnen, der leidet, wird Ihr erster Impuls nicht Bedauern sein, sondern tiefes Mitleiden. Sie empfinden diesem Menschen gegenüber Achtung, ja sogar Dankbarkeit, denn Sie wissen: Wer immer Ihnen durch sein Leiden hilft, Mitgefühl zu empfinden, macht Ihnen in der Tat eines der größten Geschenke. Er hilft Ihnen nämlich, genau die Qualität in sich zu entwickeln, die Sie in Ihrem Fortschreiten zur Erleuchtung am nötigsten brauchen.

Darum sagen wir in Tibet auch, dass der Bettler, der Sie um Geld anfleht, oder die alte, kranke Frau, die Ihr Herz rührt, Buddhas in Verkleidung sein können, die sich auf Ihrem Weg manifestieren, damit Ihr Mitgefühl wachsen und Sie der Buddhaschaft näher kommen können.

19. März

Ich rate meinen Schülern immer, nicht zu schnell aus der Meditation herauszukommen. Lassen Sie den Frieden der Meditationspraxis für einige Minuten in Ihr Leben einfließen. Mein Meister Dudjom Rinpoche riet: »Spring nicht gleich auf und eile von dannen, sondern vermische deine Achtsamkeit mit dem Alltag. Sei wie ein Mann mit einem Schädelbruch immer auf der Hut und sorgsam bedacht, nirgends anzustoßen.«

20. März

Im Augenblick des Todes ist der Zustand unseres Geistes überaus wichtig. Wenn wir in einer positiven Geisteshaltung sterben, können wir uns – trotz negativen Karmas – bei unserer nächsten Geburt verbessern. Wenn wir aufgewühlt und verzweifelt sterben, kann das schädliche Auswirkungen haben, selbst wenn wir unser Leben gut genutzt haben sollten. Das heißt: *Die letzten Gedanken und Gefühle vor dem Tod haben einen äußerst machtvollen, bestimmenden Einfluss auf unsere allernächste Zukunft.* So wie der Geist eines Verrückten hilflos Wiederholungszwängen ausgeliefert ist, ist unser Geist im Tode völlig wehrlos gegenüber allen zu dieser Zeit in uns vorherrschenden Gedanken. Der letzte Gedanke, die letzte Emotion kann dann, unverhältnismäßig verstärkt, unsere gesamte Wahrnehmung überschwemmen.

Darum betonen die Meister auch stets, wie wichtig in unseren letzten Stunden die Atmosphäre ist, die uns umgibt. Wir sollten daher für unsere Freunde und Verwandten alles in unserer Macht Stehende tun, um positive Emotionen, gute Gefühle wie Liebe, Mitgefühl und Hingabe zu inspirieren, und alles, um ihnen zu helfen, »Greifen, Sehnen und Anhaften« aufzugeben.

21. März

Auf keinen Fall sollte man sich auf etwas einlassen, was mir im Westen immer wieder begegnet und was ich die »Shopping-Mentalität« nenne: Man nimmt von diesem Meister eine Kleinigkeit und ein wenig von jenem, von dieser Lehre eine Wahrheit und eine von jener – ist aber ohne Beständigkeit und ohne wirklich aufrichtiges Engagement für irgendeine dieser Disziplinen.

Nahezu alle großen spirituellen Meister sämtlicher Traditionen stimmen darin überein, dass es wesentlich ist, *einen* Weg zur Wahrheit wirklich zu gehen, mit ganzem Herzen und Geist bis zum Ende und sich gleichzeitig die Hochachtung vor den Einsichten aller anderen Pfade zu bewahren.

In Tibet hieß es immer: »Wenn du eine Tradition wirklich kennst, verwirklichst du alle.« Die moderne Vorstellung, sich immer alle Optionen offen halten zu können und sich niemals einer Sache wirklich verschreiben zu müssen, ist eine der größten und gefährlichsten Illusionen unserer Kultur und eines der wirkungsvollsten Mittel des Ego, unsere spirituelle Suche zu sabotieren.

22. März

Die Übung der Achtsamkeit löst unsere Negativität, Aggressivität und die anderen stürmischen Gefühle auf, deren Kraft sich vielleicht schon während vieler Leben angesammelt hat. Statt diese Emotionen zu unterdrücken oder in ihnen zu schwelgen, ist es wichtig, ihnen – wie auch den Gedanken und überhaupt allem, was entsteht – mit Akzeptanz und Großzügigkeit zu begegnen, so offen und weitherzig zu sein wie nur möglich. Die tibetischen Meister sagen, diese weise Art der Großzügigkeit vermittle ein Gefühl grenzenlosen Raums, so warm und behaglich, dass man sich davon eingehüllt und beschützt fühlt wie von einem Gewebe aus Sonnenlicht.

23. März

Der Meister gleicht einem großen Schiff, in dem die Wesen den tückischen Ozean von Samsara überqueren können, einem erfahrenen Kapitän, der sie auf das Festland der Befreiung führt, einem Regen, der das Feuer der Leidenschaften löscht, einer strahlenden Sonne und einem leuchtenden Mond, die die Dunkelheit der Unwissenheit beseitigen, einem sicheren Grund, der die Last des Guten wie des Schlechten tragen kann, einem wunscherfüllenden Baum, der zeitweiliges Glück genauso gewährt wie letztendliche Seligkeit, einem Schatz an umfassenden und tiefgründigen Anweisungen, einem wunscherfüllenden Juwel, das alle Qualitäten der Verwirklichung besitzt; er gleicht Vater und Mutter, die alle Wesen gleichermaßen lieben, einem großen Strom des Mitgefühls, einem Berg, der sich unerschüttert von den Stürmen der Emotionen über weltliche Belange erhebt, und einer großen Regenwolke, deren Wasser die Qualen der Leidenschaft zu lindern bereit ist. Kurz, er ist allen Buddhas gleich. Jeder Kontakt mit ihm, ob man ihn sieht, seine Stimme hört, sich seiner erinnert oder von seiner Hand berührt wird, führt uns zur Befreiung. Volles Vertrauen in ihn zu haben ist der sichere Weg zur Erleuchtung. Die Wärme seiner Weisheit und seines Mitgefühls bringt das Erz unseres Wesens zum Schmelzen und läutert das Gold der uns innewohnenden Buddha-Natur.

DILGO KHYENTSE RINPOCHE

24. März

Bei den meisten von uns verhüllen Karma und negative Emotionen die Fähigkeit, unsere eigene innewohnende Natur und die Natur der Wirklichkeit zu schauen. Daher klammern wir uns an unserem Glück und Leid – die wir für real halten fest und schaffen mit unseren ungeschickten und unwissenden Handlungen die Voraussetzung für unsere nächste Geburt. Unsere Taten fesseln uns an den andauernden Kreislauf irdischer Existenzen – die leidvolle Tretmühle von Geburt und Tod. *Mit der Art, wie wir jetzt leben, in diesem Augenblick, steht also alles auf dem Spiel: Wie wir jetzt leben, entscheidet über unsere ganze Zukunft.*
Das ist der wahre und dringliche Grund, warum wir uns hier und jetzt weise auf den Tod vorbereiten müssen: um unsere karmische Zukunft zu transformieren, um zu vermeiden, wieder und wieder auf tragische Weise in Verblendung zu versinken und so den schmerzvollen Teufelskreis von Geburt und Tod endlos zu wiederholen. Nur dieses Leben bietet Zeit und Raum, sich vorzubereiten; und nur durch spirituelle Praxis können wir uns richtig vorbereiten. Das ist die unausweichliche Botschaft des natürlichen Bardo dieses Lebens.

25. März

Die Erleuchtung fühlte sich für Gautama [den Buddha] an, als sei ein Gefängnis, das ihn Tausende von Lebzeiten umschlossen hatte, nun aufgebrochen. Unwissenheit war der Wärter dieses Gefängnisses gewesen. Unwissenheit hatte seinen Geist verdunkelt, so wie die stürmischen Wolken den Mond und die Sterne verbargen. Von endlosen Wogen täuschender Gedanken getrübt, hatte der Geist die Wirklichkeit in Subjekt und Objekt geteilt, in Selbst und andere, Sein und Nicht-Sein, Geburt und Tod. Und aus diesen Unterscheidungen entstanden die falschen Sichtweisen – die Gefängnisse von Empfindung, Begierde, Ergreifen und Werden. Das Erleiden von Geburt, Alter, Krankheit und Tod machte die Gefängnismauern nur noch dicker. Es gab nur eins zu tun: den Gefängniswärter zu ergreifen und sein wahres Gesicht zu schauen. Der Gefängniswärter war die Unwissenheit. Und das Mittel, die Unwissenheit zu überwinden, war der Edle Achtfache Pfad. War der Gefängniswärter erst fort, dann würde auch das Gefängnis verschwinden und niemals wieder aufgebaut werden.

THICH NHAT HANH

26. März

Es ist äußerst schwierig, auch nur für einen einzigen Augenblick unabgelenkt in der Natur des Geistes zu ruhen ganz zu schweigen von der Fähigkeit, die Selbstbefreiung auch nur eines einzigen Gedankens, einer einzigen Emotion, im Augenblick ihres Entstehens zu erreichen. Wir nehmen häufig an, nur weil wir etwas intellektuell verstanden haben – oder es zumindest zu verstehen glauben –, hätten wir es auch tatsächlich verwirklicht. Das ist ein großer Irrtum. Diese Fähigkeit verlangt eine Reife, die sich ausschließlich in Jahren des Zuhörens, Nachdenkens und Meditierens und ständiger Praxis entwickeln kann.

27. März

Es gibt keinen schnelleren, bewegenderen und machtvolleren Weg, um die Hilfe der erleuchteten Wesen anzurufen, um Hingabe zu erzeugen und die Natur des Geistes zu erkennen als die Praxis des Guru-Yoga. Dilgo Khyentse Rinpoche schrieb: »Das Wort Guru-Yoga bedeutet ›Vereinigung mit der Natur des Guru‹, und in dieser Praxis werden wir mit Methoden vertraut, die es uns ermöglichen, unseren Geist mit dem erleuchteten Geist des Meisters zu vereinigen.«
Erinnern Sie sich, dass der Meister – der Guru – die Kristallisation des Segens aller Buddhas, Meister und erleuchteten Wesen ist. Ihn anzurufen bedeutet also, sie alle anzurufen. Ihren Geist und Ihr Herz mit dem Weisheitsgeist des Meisters zu verschmelzen bedeutet, sich mit der Wahrheit und Verkörperung der Erleuchtung selbst zu verbinden.

28. März

Als der Buddha im Sterben lag, prophezeite er, dass nicht lange nach seinem Tod Padmasambhava geboren würde, um die tantrischen Lehren zu verbreiten. Und es war Padmasambhava, der im 8. Jahrhundert den Buddhismus nach Tibet brachte. Für uns Tibeter verkörpert Padmasambhava, den wir auch liebevoll Guru Rinpoche nennen – kostbarer Meister – ein kosmisches, zeitloses Prinzip: Er ist der universale Meister.
In schwierigen Zeiten und Krisen habe ich mich immer an Padmasambhava gewandt; sein Segen und seine Kraft haben mich nie im Stich gelassen. Wenn ich an ihn denke, sind alle meine Meister in ihm verkörpert. Für mich ist er in jedem Augenblick vollkommen lebendig, und das ganze Universum ist ein Spiegel seiner Schönheit, Stärke und Präsenz.

29. März

Sich die Vergänglichkeit wirklich zu Herzen zu nehmen bedeutet: langsam frei zu werden von der Idee des klammernden Greifens, von unserem falschen und zerstörerischen Glauben an Dauerhaftigkeit und von unserer verzweifelten Gier nach Sicherheit, auf die wir alles bauen. Langsam dämmert uns, dass all die Mühe, die wir uns beim Greifen nach dem Ungreifbaren gemacht haben, letztlich unnötig und vergeblich gewesen ist.
Anfangs mag es schmerzlich sein, das zu akzeptieren, weil es uns so wenig vertraut ist. Aber indem wir wieder und wieder darüber reflektieren, wird in unserem Herzen und in unserem Geist eine zunehmende Verwandlung stattfinden. Loslassen fühlt sich immer natürlicher an und wird leichter und leichter.
Dies mag, je nach Grad unserer Verstocktheit, lange dauern, aber wenn wir wirklich nachdenken und eine Haltung des Loslassens entwickeln, wird sich die Art und Weise, wie wir alles sehen, entscheidend verändern.

30. März

Wir können nicht auf einen friedvollen Tod hoffen, wenn unser Leben voller Gewalt gewesen ist oder unser Geist die meiste Zeit von Emotionen wie Zorn, Anhaftung oder Furcht beherrscht war. Wenn wir also gut zu sterben wünschen, müssen wir lernen, gut zu leben: Wenn wir auf einen friedvollen Tod hoffen, dann müssen wir in unserem Geist und in unserer Lebensführung den Frieden kultivieren.

Dalai Lama

31. März

Das wichtigste bei der Meditationshaltung ist, den Rücken gerade zu halten wie »einen Pfeil« oder »einen Stapel Goldmünzen«. Die »innere Energie« oder *prana* kann dann leicht durch die feinstofflichen Kanäle des Körpers fließen, und Ihr Geist wird seinen wahren Ruhezustand finden. Aber erzwingen Sie nichts. Der Rücken sollte entspannt, aber aufrecht sein. Lassen Sie den Kopf zentriert und bequem auf dem Nacken ruhen. Ihre Schultern und der Oberkörper bestimmen die Kraft und Anmut der Haltung – sie sollten im Gleichgewicht bleiben, ohne jegliche Spannung.

Sitzen Sie mit gekreuzten Beinen. Sie müssen jedoch nicht die »volle Lotos-Haltung« des fortgeschrittenen Yogi einnehmen. Die gekreuzten Beine symbolisieren die Einheit von Leben und Tod, gut und schlecht, angemessenen Mitteln und Weisheit, männlichem und weiblichem Prinzip, Samsara und Nirvana; sie drücken den Humor der Nicht-Dualität aus.

Lassen Sie Ihre Hände locker auf den Knien ruhen. Diese Position nennt man »Geist in behaglicher Gelassenheit«. Wenn Sie lieber auf einem Stuhl sitzen, halten Sie Ihre Beine entspannt, und achten Sie auf jeden Fall darauf, dass Ihr Rücken gerade ist.

GOM
Meditation

1. April

Da alles nichts ist als Erscheinung,
Vollkommen, wie es ist,
Ohne Kategorien wie gut oder schlecht,
Annehmen oder Ablehnen,
Könnte man in schallendes Gelächter ausbrechen!

LONGCHENPA

2. April

So wie ein Schriftsteller die spontane Freiheit des Ausdrucks erst nach Jahren oft zermürbenden Lernens erreicht und so wie die natürliche Anmut einer Tänzerin das Ergebnis enormer, geduldiger Mühen ist, so werden wir die Meditation – wenn wir erst verstanden haben, wohin sie uns führen kann – zur größten Aufgabe unseres Lebens machen – eine Aufgabe, die ein Höchstmaß an Durchhaltevermögen, Enthusiasmus, Intelligenz und Disziplin erfordert.

3. April

Zur Zeit des Buddha lebte eine alte Bettlerin, die man »die Freudvolle« nannte. Sie hatte beobachtet, dass die Menschen dem Buddha Gaben darbrachten, und es war ihr größter Wunsch, es ihnen gleichzutun. Aber alles, was sie am Ende eines ganzen Betteltages erhalten hatte, war eine kleine Münze. Dafür kaufte sie ein wenig Öl, ging ins Kloster und entzündete damit eine Lampe. Sie stellte sie vor dem Buddha nieder, verbunden mit folgendem Wunsch: »Ich habe nichts darzubringen als dieses kleine Licht. Möge ich dennoch durch mein Opfer in Zukunft mit dem Licht der Weisheit gesegnet sein, möge ich alle Wesen von der Finsternis befreien, möge ich all ihre Verdunkelungen beseitigen und sie zur Erleuchtung führen.«

Gegen Ende der Nacht war das Öl in den anderen Lampen verbraucht. Allein die Lampe der Bettlerin brannte noch, als in der Morgendämmerung der Schüler des Buddha, Maudgalyayana, kam, um die Lampen einzusammeln. Er versuchte, die Flamme zu löschen – mit Wasser, mit dem Finger, einem Zipfel seiner Robe – ohne Erfolg.

Der Buddha, der die ganze Zeit zugeschaut hatte, sagte: »Maudgalyayana, es wird dir nicht gelingen, dieses Licht zu löschen. Selbst dem Wasser aller Flüsse und Seen der Welt würde das nicht gelingen, weil es mit Hingabe dargebracht wurde und mit reinem Herzen und reinem Geist. Dadurch ist es von unermesslichem Nutzen geworden.«

4. April

Manchmal ist es so, dass wir irgendetwas für die Wahrheit halten. Aber wenn wir uns zu fest daran klammern, werden wir uns der echten Wahrheit nicht mehr öffnen können, selbst wenn sie persönlich an unsere Tür klopfen sollte.

BUDDHA

5. April

Stellen Sie sich jemanden vor, den Sie sehr mögen und der jetzt leidet oder Schmerzen hat. Wenn Sie einatmen, stellen Sie sich vor, all seinen Schmerz voller Mitgefühl in sich aufzunehmen, und wenn Sie ausatmen, lassen Sie Wärme, Heilung, Liebe, Freude und Glück von sich zu jenem Menschen strömen.

Jetzt vergrößern Sie schrittweise den Kreis Ihres Mitgefühls, indem Sie zuerst weitere Menschen einschließen, die Sie mögen, dann jene, die Ihnen gleichgültig sind, jene mit denen Sie Schwierigkeiten haben oder die Sie nicht mögen, und schließlich sogar die, deren Verhalten Ihnen wirklich böse oder grausam erscheint. Lassen Sie Ihr Mitgefühl universell werden, und »umarmen« Sie mit ihm alle Lebewesen – ohne irgendeine Ausnahme.

6. April

Bei normalem Geisteszustand empfinden wir den Strom der Gedanken als kontinuierlich; das entspricht aber nicht den Tatsachen. Sie können selbst feststellen, dass es eine Lücke gibt zwischen den Gedanken. Wenn der vergangene Gedanke vorüber und der zukünftige noch nicht entstanden ist, gibt es immer eine Lücke und in ihr enthüllt sich Rigpa – die Natur des Geistes. Es ist daher die Aufgabe der Meditation, den Gedankenfluss so weit zu verlangsamen, dass diese Lücke immer deutlicher wird.

7. April

Selbst der Buddha ist gestorben. Sein Tod war eine Lehre, um die Naiven, die Trägen und die Selbstzufriedenen aufzuschrecken und ihnen zu der Einsicht zu verhelfen, dass alles vergänglich ist und der Tod eine unausweichliche Tatsache des Lebens. Als sein Tod nahte, sagte der Buddha:

> Von allen Spuren
> Ist die des Elefanten die größte.
> Von allen Achtsamkeitsmeditationen
> Ist die über den Tod die höchste.

8. April

Da das Leben nichts ist als ein dauernder Fluss von Geburt, Tod und Übergang, machen wir ständig Bardo-Erfahrungen; sie sind grundlegender Bestandteil unserer psychischen Prozesse. Gewöhnlich sind wir jedoch völlig blind für die Bardos und ihre Offenheit, weil unser Geist von einer so genannten »soliden« Situation zur nächsten springt und die immer wieder auftretenden Übergänge aus Gewohnheit ignoriert.

Tatsächlich aber – und das ist ein Verständnis, zu dem uns die Lehren verhelfen können – ist jeder Augenblick unserer Erfahrung ein Bardo, da jeder Gedanke, jede Emotion aus der Essenz des Geistes geboren wird und wieder in sie hinein stirbt. Die Lehren machen uns auch bewusst, dass besonders in Zeiten starker Veränderung, in Übergangs-Zeiten also, die himmelsgleiche ursprüngliche Natur unseres Geistes viel eher manifest werden kann.

9. April

Man hat uns gelehrt, unser ganzes Leben der Jagd nach Gedanken und Projektionen zu widmen. Selbst wenn über den »Geist« gesprochen wird, bleibt doch alles beschränkt auf Gedanken und Emotionen. Wenn unsere Wissenschaftler das untersuchen, was sie für den Geist halten, haben sie nur seine Projektionen im Auge. Niemand schaut je in den Geist – den Grund aller Entfaltungen – selbst, und das hat tragische Konsequenzen.

10. April

Es gibt sowohl raue als auch sanfte Wellen im Ozean unseres Geistes. Starke Emotionen wie Hass, Gier, Eifersucht betrachtet der echte Praktizierende nicht als Störungen oder Hindernisse, sondern als willkommene Entwicklungsmöglichkeiten. Wenn Sie mit der üblichen Tendenz von Anhaftung und Abneigung darauf reagieren, ist dies nicht nur ein Zeichen dafür, dass Sie abgelenkt sind, sondern es beweist auch, dass Sie Rigpa nicht erkannt oder den Boden von Rigpa verloren haben. Auf die Emotionen so zu reagieren verleiht diesen nur zusätzliche Macht und lässt die Schleier der Verblendung nur noch dichter werden.

Das große Geheimnis von Dzogchen besteht darin, die Emotionen zu durchschauen, sobald sie erscheinen, und sie als das zu erkennen, was sie in Wahrheit sind: die lebendigen und elektrisierenden Manifestationen der Energie von Rigpa. Wenn Sie damit langsam vertraut werden, können Ihnen auch die wildesten Gefühle nichts mehr anhaben – sie lösen sich auf, so wie die rauen Wogen sich auftürmen, brechen und zurück in die Ruhe des Ozeans sinken.

11. April

Falsche Sichtweisen und falsche Überzeugungen können die zerstörerischsten aller unserer Verblendungen sein. Sicherlich waren auch Adolf Hitler und Pol Pot überzeugt davon, das Richtige zu tun. Nicht anders geht es uns allen. Auch wir haben genau dieselbe gefährliche Tendenz, Überzeugungen zu entwickeln, daran zu glauben, ohne sie zu hinterfragen, und unter ihrem Einfluss dann zu handeln und so über uns und alle anderen um uns herum viel Leid zu bringen.

Auf der anderen Seite ist es das Herz der Lehre des Buddha, »die Dinge so zu sehen, wie sie sind«, ihren tatsächlichen Zustand direkt zu erkennen. Das nennen wir die »Rechte Sicht«. Und es ist die Aufgabe der spirituellen Lehren, uns diese allumfassende Perspektive der Natur des Geistes und der Natur der Wirklichkeit zu vermitteln.

12. April

Was soll man »tun« mit dem Geist in der Meditation?
Überhaupt nichts. Lassen Sie ihn einfach, wie er ist.
Ein Meister beschrieb Meditation als »Geist, schwebend im Raum, nirgendwo«.

13. April

Manche Menschen sehen dem Tod mit einer naiven, gedankenlosen Zuversicht entgegen. Sie glauben, aus welchem Grund auch immer, es werde schon alles gut gehen und man müsse sich keinerlei Sorgen machen. Wenn ich an diese Menschen denke, werde ich immer an die Worte eines tibetischen Meisters erinnert: »Die Menschen nehmen den Tod oft zu leicht und meinen: ›Was soll's, der Tod ereilt schließlich jeden. Was ist schon dabei, er ist etwas ganz Natürliches, es wird schon werden.‹ Das ist eine nette Theorie – bis man dann stirbt.«

14. April

Jede subatomare Interaktion besteht aus der Vernichtung der ursprünglichen Partikel und der Entstehung neuer Teilchen. Die subatomare Welt ist ein andauernder Tanz von Schöpfung und Vernichtung, von Masse zu Energie, von Energie zu Masse. Flüchtige Formen werden plötzlich existent und verschwinden wieder – eine niemals endende, immer neu sich schaffende Wirklichkeit.

GARY ZUKAV

15. April

Die Erfahrung des Todesmoments ist aus buddhistischer Sicht von großer Bedeutung. Obwohl das Wie und Wo unserer Wiedergeburt hauptsächlich von karmischen Kräften bestimmt wird, kann der Zustand unseres Geistes zum Zeitpunkt des Todes doch die Qualität unserer nächsten Wiedergeburt beeinflussen. Wenn wir uns bemühen, einen heilsamen Geisteszustand herzustellen, können wir im Moment des Todes – trotz der Vielfalt unterschiedlichen Karmas, das wir angesammelt haben mögen – gutes Karma aktivieren und stärken und auf diese Weise zu einer glücklichen Wiedergeburt gelangen.

DALAI LAMA

16. April

Wir Menschen sehen uns zwar sehr ähnlich, nehmen die Dinge jedoch äußerst unterschiedlich wahr; jeder lebt in seiner ganz einzigartigen, eigenständigen und persönlichen Welt. So haben wir alle auch innerhalb des menschlichen Daseinsbereichs unser ganz individuelles Karma. Wie Kalu Rinpoche sagt:
»Wenn hundert Menschen schlafen und träumen, erlebt jeder von ihnen im Traum eine andere Welt. Von jedem Traum kann man sagen, er sei wahr; es wäre jedoch falsch, behaupten zu wollen, dass nur der Traum eines Einzelnen Wirklichkeit wäre und alle anderen Trugschlüsse. Jeder Wahrnehmende erlebt seine eigene Realität entsprechend der ›karmischen Muster‹, die seine Wahrnehmung bestimmen.«

17. April

Lass ruhen in großem, natürlichem Frieden
Diesen erschöpften Geist,
Hilflos geschlagen von Karma und neurotischen
　Gedanken
Wie von der unbarmherzigen Gewalt der
　wütenden Wogen
Im unendlichen Ozean von Samsara.

Lass ruhen in großem, natürlichem Frieden.

Nyoshul Khen Rinpoche

18. April

Über Vergänglichkeit nur zu kontemplieren reicht nicht aus. Sie müssen in Ihrem Leben damit arbeiten.

Machen wir einmal ein Experiment: Nehmen Sie eine Münze in die Hand, und stellen Sie sich vor, sie sei etwas, woran Sie sehr hängen. Halten Sie sie fest in Ihrer Faust, und dann strecken Sie den Arm aus, die Handfläche nach unten. Wenn Sie Ihren Griff jetzt lösen, verlieren Sie, was Sie umklammern. Darum halten Sie fest.

Es gibt aber eine andere Möglichkeit: Sie können loslassen und dennoch behalten. Drehen Sie nun Ihre Hand um. Wenn Sie die Faust jetzt öffnen, bleibt die Münze einfach auf Ihrer Handfläche liegen: Sie lassen los und behalten trotzdem.

Es gibt also einen Weg, Vergänglichkeit zu akzeptieren und gleichzeitig das Leben zu genießen – nämlich ohne Greifen.

19. April

Vor allem müssen wir einen Weg finden, unser wahres Selbst zu nähren – das, was wir unsere Buddha-Natur nennen können. Wir machen so oft den tödlichen Fehler, uns mit unserer Verwirrung zu identifizieren, und dann verurteilen und verdammen wir uns und füttern so den Mangel an Selbstachtung und Selbstwertgefühl, unter dem so viele Menschen heutzutage leiden.

Es ist lebenswichtig, dass wir der Versuchung, uns selbst zu verurteilen, nicht nachgeben, sondern immer humorvoll unserer eigenen Bedingtheit gewahr bleiben und erkennen, was wir – jetzt, in diesem Augenblick – in Wahrheit sind. Es ist so, als würden viele Menschen in einer einzigen Person zusammenleben. Es kann sehr ermutigend sein anzuerkennen, dass wir einerseits zwar alle riesige Probleme haben, die wir auf den spirituellen Pfad mitbringen – und die vielleicht sogar der Anstoß dafür waren, uns mit den Lehren überhaupt zu befassen –, gleichzeitig aber auch zu wissen, dass diese Probleme letztlich gar nicht so real, so solide und so unüberwindlich sind, wie wir uns immer eingeredet haben.

20. April

Wenn wir nur den groben Aspekt des Geistes kennen, der sich im Tod auflöst, bleiben wir ohne eine Vorstellung von dem was fortbesteht, ohne Wissen um die Dimension der tieferen Wirklichkeit der Natur des Geistes. Es ist daher wesentlich, uns mit dieser Natur vertraut zu machen, solange wir noch leben. Nur dann werden wir vorbereitet sein, wenn sie sich spontan und machtvoll im Moment des Todes enthüllt, und fähig, sie wieder zu erkennen und so natürlich zu reagieren »wie ein Kind, das in die Arme seiner Mutter läuft« – um, in diesem Zustand verharrend, endlich befreit zu sein.

21. April

Das Ego versteht es ganz wunderbar, unsere grundlegende Angst vor dem Unbekannten und davor, die Kontrolle zu verlieren, gegen uns auszuspielen. Wir sagen uns vielleicht: »Es wäre wirklich besser, das Ego aufzugeben, es verursacht mir so viel Leid; aber was wird dann aus mir?«

Das Ego wird Ihnen zuflüstern: »Ich weiß, dass ich manchmal eine Nervensäge sein kann, und glaub mir, ich kann gut verstehen, dass du mich loswerden willst. Aber ist das auch wirklich das, was du willst? Denk mal nach: Was wird denn aus dir, wenn ich verschwinde? Wer wird sich um dich kümmern? Wer wird sich so um dich sorgen und dich so beschützen wie ich all die Jahre?«

Selbst wenn wir die Lügen des Ego durchschauen, haben wir immer noch zu viel Angst, es tatsächlich aufzugeben, denn ohne ein echtes Wissen um die Natur unseres Geistes, unsere wahre Identität, sehen wir einfach keine andere Alternative. Wieder und wieder geben wir den Forderungen des Ego nach – mit demselben traurigen Selbstekel, mit dem ein Alkoholiker nach der Flasche greift, von der er weiß, dass sie ihn zerstört, dass sie ihm nach einem kurzen Hochgefühl nur noch tieferes Elend und größere Verzweiflung beschert.

22. April

Seien Sie nicht zu voreilig bei der Lösung Ihrer Probleme! Die Meister sagen: »Eile mit Weile.« Ich warne meine Schüler immer, unvernünftige Erwartungen zu hegen, denn spirituelles Wachstum braucht nun einmal seine Zeit. Wenn es schon Jahre dauert, bis man zum Beispiel richtig Japanisch kann, wie darf man dann allen Ernstes erwarten, in wenigen Wochen oder Monaten auf alles eine Antwort zu finden oder gar Erleuchtung zu erlangen? Die spirituelle Reise ist ein Weg dauernden Lernens und stetiger Reinigung. Wenn Ihnen das klar ist, werden Sie von selbst bescheiden. Es gibt ein bekanntes tibetisches Sprichwort: »Halte Verstehen niemals für Erkenntnis und Erkenntnis niemals für Befreiung.« Milarepa sagte: »Du solltest dein ganzes Leben lang praktizieren, ohne dabei auf Verwirklichung zu hoffen.«

23. April

Über Bodhichitta:
Das mitfühlende Herz des erleuchteten Geistes

Es ist das erhabene Elixier,
Das die Herrschaft des Todes überwindet.
Es ist der unerschöpfliche Schatz,
Der die Armut in der Welt beseitigt.
Es ist die überragende Medizin,
Die alle Krankheiten der Welt kuriert.
Es ist der Baum, der allen Wesen Schutz gewährt,
Die müde sind vom Wandern auf dem Pfad
   bedingter Existenz.
Es ist die große Brücke,
Die zur Freiheit von Wiedergeburten in niederen
   Bereichen führt.
Es ist der aufgehende Mond des Geistes,
Der die Qualen verwirrender Konzepte auflöst.
Es ist die mächtige Sonne, die schließlich
Die Nebel der Verblendung in der Welt vertreibt.

SHANTIDEVA

24. April

Nach der Meditation ist es wichtig, unserer gewohnten Neigung, die Dinge als solide wahrzunehmen, nicht nachzugeben.

Wenn Sie in den Alltag zurückkehren, lassen Sie die Weisheit und Einsicht, das Mitgefühl und den Humor, die Geschmeidigkeit, Weite und Gelassenheit, die die Meditation in Ihnen wachgerufen hat, Ihre Alltagserfahrung durchdringen. Meditation weckt in Ihnen die Erkenntnis, dass die Natur von allem illusorisch und traumgleich ist; halten Sie dieses Gewahrsein selbst im dicksten Samsara aufrecht.

Ein großer Meister sagte: »Nach der Meditationspraxis sei ein Kind der Illusion.«

25. April

Gegenwärtig ist unser Körper zweifellos das Zentrum unseres Universums. Wir assoziieren ihn, ohne weiter darüber nachzudenken, mit uns und unserem Ego, und diese dauernde, gedankenlose und falsche Gleichsetzung verstärkt wiederum unsere Illusion, sie seien untrennbar und konkret existent. Da unser Körper so offensichtlich zu existieren scheint, scheine auch »ich« zu existieren und »du« scheinst zu existieren; und die ganze illusorische, dualistische Welt, die wir unaufhörlich um uns herum projizieren, scheint verlässlich, solide und real. Wenn wir sterben, geht diese zusammengezimmerte Konstruktion dramatisch zu Bruch.

26. April

Dudjom Rinpoche sagt über den Moment, in dem Rigpa direkt enthüllt wird: »In diesem Moment ist dir, als würde eine Kapuze von deinem Kopf gezogen. Welch grenzenlose Weite und Erlösung! Das ist höchstes Sehen – sehen, was zuvor nicht gesehen wurde.« Wenn du »siehst, was zuvor nicht gesehen wurde«, öffnet sich alles, dehnt sich aus und wird kristallklar, überschäumend vor Lebendigkeit, voll wunderbarer Wachheit und Frische. Es ist, als hebe das Dach deines Geistes sich empor oder als fliege ein Schwarm Vögel plötzlich aus einem dunklen Nest auf. Alle Grenzen verschwinden. Es ist – sagen die Tibeter –, als würde ein Siegel aufgebrochen.

27. April

Eine Lehre, die so machtvoll ist wie das Dzogchen, birgt jedoch auch ein extremes Risiko in sich, das in der Tradition das »Verlieren der Handlung in der Sicht« genannt wird. Sich selbst vorzugaukeln, man würde Gedanken und Emotionen befreien, während man in Wirklichkeit weit davon entfernt ist, und zu denken, man würde mit der Spontaneität eines echten Dzogchen-Yogi handeln, bringt einfach nur ungeheure Mengen negativen Karmas ein. Padmasambhava sagt:

> Obwohl meine Sicht so offen und weit ist wie der Himmel,
> Sind mein Handeln und meine Achtung vor Ursache und Wirkung so fein wie Mehlstaub.

28. April

Dudjom Rinpoche hat immer gesagt, dass Anfänger in kurzen Sitzungen meditieren sollten. Praktizieren Sie vier oder fünf Minuten, und entspannen Sie sich dann für etwa eine Minute. Lassen Sie während dieser Pause die Methode los, aber auf keinen Fall Ihre Achtsamkeit.

Wenn Sie mit der Praxis zu kämpfen hatten, kann es geschehen, dass merkwürdigerweise genau in dem Moment, in dem Sie die Methode fallen lassen, Meditation tatsächlich geschieht – sofern Sie achtsam und präsent bleiben. Darum ist die Pause ein genauso wichtiger Teil der Meditation wie das Sitzen selbst. Manchmal sage ich meinen Schülern, die Probleme mit ihrer Übung haben, dass sie während der Pause praktizieren und während ihrer Meditation Pause machen sollen!

29. April

Als Gampopa, der wichtigste Schüler Milarepas, von seinem Lehrer Abschied nahm, fragte er ihn: »Wann wird für mich die Zeit gekommen sein, Schüler anzuleiten?« Milarepa antwortete: »Wenn du ein anderer geworden bist. Wenn deine gesamte Wahrnehmung sich verwandelt hat und du diesen alten Mann vor dir als den Buddha selbst sehen kannst. Wenn Hingabe dich zu diesem Augenblick der Erkenntnis geführt hat, wird es das Zeichen sein, dass für dich die Zeit zum Lehren gekommen ist.«

Die Hingabe an meine Meister verleiht mir die Kraft zu lehren sowie die Offenheit und Empfänglichkeit, selbst immer weiter zu lernen. Auch der große Dilgo Khyentse Rinpoche hörte niemals auf, Belehrungen von anderen Meistern zu empfangen, die häufig genug seine eigenen Schüler waren. Die Hingabe, die einen zum Lehren inspiriert, ist dieselbe, die einem die Demut verleiht, immer noch weiter zu lernen.

30. April

Nun, da mir der Bardo dieses Lebens dämmert,
Will ich die Faulheit aufgeben, für die im Leben
  keine Zeit ist,
Will unabgelenkt den Pfad von Hören, Nachdenken,
  Kontemplation und Meditation betreten,
Die Wahrnehmungen und den Geist zum Pfad
  machen und die »drei Kayas«, den erleuchteten
  Geist, verwirklichen.
Nun, da ich einen menschlichen Körper glücklich
  erlangt habe,
Bleibt dem Geist auf dem Pfad keine Zeit mehr, zu
  wandern.

PADMASAMBHAVA

OM AH HUM VAJRA GURU
PADMA SIDDHI HUM
Das Mantra von Padmasambhava

1. Mai

»Würdest du nur ein Zehntel der Zeit, die du den Ablenkungen widmest – wie hinter Frauen her zu sein oder Geld zu verdienen –, für die spirituelle Praxis verwenden, dann wärst du in ein paar Jahren erleuchtet!«

RAMAKRISHNA

2. Mai

Ein bekanntes Sprichwort sagt: »Wenn der Geist unverbildet bleibt, ist er von selbst glückselig, so wie Wasser, das nicht aufgewühlt wird, von Natur aus durchsichtig und klar ist.« Ich vergleiche den Geist in der Meditation oft mit einem Gefäß voll schlammigen Wassers: Je weniger wir darin rühren, desto mehr Teilchen sinken nach und nach auf den Grund, und die natürliche Klarheit des Wassers kommt mehr und mehr zum Vorschein. Auch der Geist ist so beschaffen, dass er – in seinem unveränderten und eigentlichen Zustand belassen – von selbst zu seiner wahren Natur von Glückseligkeit und Klarheit findet.

3. Mai

Die Götter, so heißt es, leben in sagenhaftem Luxus, schwelgen in allen nur denkbaren Sinnesfreuden, ohne jemals auch nur einen einzigen Gedanken an die spirituelle Dimension des Lebens zu verschwenden. Alles scheint wunderbar – bis ihr Tod naht und unerwartete Zeichen von Verfall sichtbar werden. Dann wagen sich die Gefährtinnen und Liebhaber nicht mehr in ihre Nähe, sondern werfen aus der Entfernung Blumen auf sie, begleitet von beiläufigen Gebeten, dass sie doch erneut als Götter wieder geboren werden mögen. Keine Erinnerung an Glück oder Bequemlichkeit kann ihnen jetzt noch Schutz bieten vor dem Leiden, das ihnen bevorsteht – im Gegenteil, es macht alles nur noch grausamer. Die Götter sterben, von allen verlassen, einen einsamen, elenden Tod.

Das Schicksal der Götter erinnert an die Art, wie die Alten, Kranken und Sterbenden heutzutage behandelt werden. Unsere Gesellschaft ist jugend-, sex- und machtbesessen; Behinderung und Verfall werden einfach verdrängt. Ist es nicht erschreckend, dass wir alte Menschen fallen lassen, sobald sie »nutzlos« geworden sind, weil ihr Arbeitsleben beendet ist? Ist es nicht beunruhigend, dass wir sie in Heime verbannen, wo sie dann einsam und verlassen sterben?

4. Mai

Zuhören ist sehr viel schwieriger als gemeinhin angenommen; wirkliches Zuhören, wie die Meister es verstehen, bedeutet, uns selbst völlig loszulassen, alle Informationen, Vorstellungen und Vorurteile fallen zu lassen, mit denen unsere Köpfe voll gestopft sind. Wenn Sie den Lehren aufrichtig zuhören, werden sich diese Konzepte, die ja das Einzige sind, was zwischen uns und unserer wahren Natur steht, langsam, aber stetig auflösen.

5. Mai

Wenn man eine essenzielle Botschaft aus der Tatsache der Reinkarnation ableiten wollte, so müsste es wohl die folgende sein: Entwickle ein liebevolles Herz, das sich nach dauerhaftem Glück für alle Wesen sehnt, und tu etwas dafür, um dieses Glück herbeizuführen. Nähre und übe liebende Güte. Der Dalai Lama sagt: »Kostbare Tempel sind ebenso wenig notwendig wie komplizierte Philosophien. Unser eigener Geist und unser eigenes Herz sind unser Tempel; meine Philosophie ist liebevolle Güte.«

6. Mai

Ich wandte mich der Theorie der Reinkarnation im Alter von sechsundzwanzig Jahren zu. Religion hatte mir nichts Wesentliches zu bieten. Selbst meine Arbeit konnte mich nicht restlos befriedigen. Arbeit ist fruchtlos, wenn man die Erfahrungen aus einem Leben nicht in einem nächsten nutzen kann. Nachdem ich die Reinkarnation entdeckt hatte..., war die Zeit nicht mehr begrenzt. Ich war nicht mehr Sklave der Uhr... Ich würde anderen gern jenes Gefühl der Ruhe vermitteln, die uns eine langfristige Sicht des Lebens verleiht.

7. Mai

Stellen Sie sich vor, Sie säßen vor einer Glastür, die in Ihren Garten führt. Sie schauen durch sie hindurch in den Himmel. Da das Glas durchsichtig ist, scheint nichts Sie vom Himmel zu trennen. Es könnte sogar passieren, dass Sie aufstehen, hinausgehen wollen und sich den Kopf anschlagen. Sobald Sie die Glasscheibe jedoch berühren, fühlen Sie, dass dort etwas ist, worauf Sie sogar Ihre Fingerabdrücke hinterlassen: Offensichtlich steht etwas zwischen Ihnen und dem freien Raum.

Genauso hindert uns der Bodensatz des gewöhnlichen Geistes daran, zur himmelsgleichen Natur unseres Geistes durchzubrechen, selbst wenn wir bereits einen flüchtigen Eindruck davon erhaschen können. Um die frische Luft von Rigpa entdecken und spüren zu können, müssen wir den gewöhnlichen Geist ganz und gar hinter uns lassen.

8. Mai

Obwohl das, was gemeinhin »Geist« genannt wird,
  allgemein geachtet und viel diskutiert wird,
Ist er dennoch nicht verstanden oder falsch
  verstanden oder nur einseitig verstanden worden.
Und weil er nicht korrekt verstanden wurde,
  so wie er an sich ist,
Entwickelten sich die unzähligen philosophischen
  Ideen und Behauptungen.
Mehr noch – da die gewöhnlichen Menschen ihn
  nicht verstehen,
Erkennen sie auch nicht ihre eigene Natur
Und wandern unaufhörlich in den sechs Daseinsbereichen der Drei Welten umher und leiden.
Den eigenen Geist nicht zu verstehen ist ein
  tragisches Geschick.

Padmasambhava

9. Mai

Nehmen Sie an, Sie befänden sich bei Ihrer Übung in einem Zustand tiefer Stille; häufig währt er nicht sehr lange, weil immer wieder ein Gedanke oder eine Bewegung entsteht wie eine Woge im Ozean. Lehnen Sie die Bewegung nicht ab, und hängen Sie auch nicht besonders an der Stille, sondern halten Sie den Fluss des reinen Gewahrseins einfach aufrecht. Der allumfassende, friedvolle Zustand Ihrer Meditation ist Rigpa, und alles Entstehende ist nichts anderes als die Eigen-Strahlung dieses Rigpa. Dies ist das Herz und die Basis der Dzogchen-Prazis.

Es ist, als ritten Sie auf den Sonnenstrahlen zurück zur Sonne. Sie verfolgen alle geistigen Gebilde augenblicklich zurück zu ihrer Wurzel – dem Grund von Rigpa. Wenn Sie die unerschütterliche Stabilität der Sicht wirklich verkörpern, kann Sie, was immer auch entsteht, nicht mehr täuschen oder ablenken, und nie mehr werden Sie der Verblendung zum Opfer fallen.

10. Mai

Die absolute Wahrheit kann niemals im Bereich des gewöhnlichen Geistes erkannt werden. Und der Pfad, die Grenzen des gewöhnliches Geistes zu überschreiten – so berichten uns alle Weisheitstraditionen –, führt durch unser Herz. Der Weg des Herzens ist Hingabe.

11. Mai

Meditation bedeutet, aus unseren »normalen« Verhaltensmustern auszubrechen, denn sie ist ein Zustand ohne alle Sorgen und Bedenken, in dem es keinerlei Wettbewerb gibt, keine Gier, irgendetwas ergreifen oder besitzen zu wollen, keinen angstvollen Kampf und keinen Zwang, irgendetwas erreichen zu müssen. Meditation ist ein Zustand ohne Ehrgeiz, in dem es weder Annehmen noch Ablehnen gibt, weder Hoffnung noch Furcht; ein Zustand, in dem sich langsam alle Emotionen und Konzepte, die uns schon so lange gefangen gehalten haben, auflösen in den Raum natürlicher Einfachheit.

12. Mai

Erkenne stets die traumgleiche Qualität des Lebens und reduziere Anhaftung und Abneigung. Sei gutherzig gegenüber allen Wesen. Sei liebevoll und mitfühlend, egal was andere dir zufügen. Was sie tun, zählt nicht mehr so viel, wenn man es als Traum sehen kann. Der Trick besteht darin, während des Traums gute Absichten zu hegen. Das ist das Wesentliche. Das ist wahre Spiritualität.

CHAKDUD TULKU RINPOCHE

13. Mai

Der Tod ist ein tiefes Geheimnis; zwei Dinge können wir aber über ihn sagen: *Es ist absolut sicher, dass wir sterben werden, und es ist unsicher, wann oder wie wir sterben werden.* Die einzige Sicherheit, die wir also haben, ist die Unsicherheit hinsichtlich unserer Todesstunde. Das ist unsere Ausrede, um die direkte Auseinandersetzung mit dem Tod immer wieder aufzuschieben. Wir sind wie Kinder, die sich beim Versteckspielen die Augen zuhalten und glauben, nun könne niemand sie sehen.

14. Mai

Wenn Meditation im Dzogchen bedeutet, einfach das Fließen von Rigpa nach der Einführung durch den Meister aufrechtzuerhalten, wie können wir dann wissen, wann es sich in unserer Meditation um Rigpa handelt und wann nicht? Ich habe Dilgo Khyentse Rinpoche diese Frage gestellt, und er antwortete mit der für ihn charakteristischen Schlichtheit: »Wenn du in einem unveränderten Zustand bist, dann ist es Rigpa.«

Wenn wir den Geist in keinerlei Weise verfälschen oder manipulieren, sondern einfach in einem unveränderten Zustand reinen Gewahrseins ruhen, dann ist es Rigpa. Wenn von unserer Seite in irgendeiner Weise Künstlichkeit, Beeinflussung oder Greifen beteiligt sind, dann ist es nicht Rigpa. Rigpa ist ein Zustand, in dem es keinen Zweifel mehr gibt; genau genommen gibt es keinen Geist mehr, der zweifeln könnte: Man sieht direkt. Wenn Sie in diesem Zustand sind, steigt zusammen mit Rigpa eine tiefe Gewissheit und natürliche Zuversicht auf, und daran werden Sie ihn erkennen.

15. Mai

Entsagung enthält sowohl Freude als auch Trauer: Trauer, weil wir die Vergeblichkeit unserer alten Wege erkennen, Freude angesichts der größeren Vision, die sich zu entfalten beginnt, sobald wir die alten Gewohnheiten loslassen. Es handelt sich hierbei um keine gewöhnliche Freude. Es ist eine Freude, die eine neue und tiefe Kraft verleiht, Vertrauen, und eine bleibende Inspiration, die aus der Erkenntnis erwächst, dass wir nicht zu unseren Gewohnheiten verdammt sind, dass wir uns tatsächlich von ihnen lösen, uns verändern und immer freier werden können.

16. Mai

Was immer an Freude ist in der Welt,
Entspringt dem Wunsch, andere glücklich zu sehen,
Und was immer an Leid ist in der Welt,
Entspringt dem Wunsch, nur selbst glücklich zu sein.

Shantideva

17. Mai

In den Dzogchen-Lehren wird gesagt, dass der Blick und die Meditation wie die große Weite des Ozeans sein sollen: allumfassend, offen und grenzenlos. So wie Ihre Sicht untrennbar verbunden ist mit Ihrer Haltung, inspiriert Ihre Meditation Ihren Blick, und beide verschmelzen zu einer Einheit.

Fixieren Sie nicht irgendetwas Bestimmtes; wenden Sie sich stattdessen mehr nach innen, und lassen Sie Ihren Blick sich ausdehnen und immer offener werden. Sie werden feststellen, dass er dann großzügiger ist und mehr Mitgefühl, Gleichmut und Ausgewogenheit in ihm liegen.

18. Mai

Alles in allem wäre es auch nicht überraschender, zweimal geboren zu werden, als es das eine Mal schon ist.

VOLTAIRE

»Wenn wir wirklich schon einmal gelebt haben«, werde ich oft gefragt, »warum erinnern wir uns dann nicht daran?« Warum sollte die Tatsache, dass wir uns an ein früheres Leben nicht erinnern, bedeuten, dass es ein solches Leben nicht gegeben hat? Schließlich sind die Erlebnisse unserer Kindheit, die Erfahrungen von gestern oder von vor einer Stunde – obwohl sie so lebendig waren, als sie uns widerfuhren – aus unserer Erinnerung schon fast wieder verschwunden, als hätten sie niemals stattgefunden. Wenn wir uns nicht einmal mehr erinnern können, was wir letzten Montag gedacht oder getan haben, wie um alles in der Welt können wir annehmen, es sei leicht oder normal, uns an das zu erinnern, was wir in einem vergangenen Leben getan haben?

19. Mai

Um die absurde Tyrannei des Ich zu beenden, beschreiten wir den spirituellen Weg; aber der Einfallsreichtum des Ich ist nahezu unerschöpflich, und es kann auf jeder Stufe unseren Wunsch, uns von ihm zu befreien, unterlaufen und verdrehen. Die Wahrheit ist einfach, und die Lehren sind äußerst klar; aber ich habe immer wieder mit großer Trauer feststellen müssen: Sobald diese einfache und klare Wahrheit beginnt, uns zu berühren und zu bewegen, versucht das Ich, sie zu verkomplizieren, weil es weiß, dass es grundlegend gefährdet ist.

Wie angestrengt das Ich aber auch versuchen mag, den spirituellen Weg zu sabotieren, werden Sie, wenn Sie kontinuierlich weitermachen mit der Praxis der Meditation, langsam erkennen, wie sehr Sie sich von den falschen Hoffnungen und leeren Versprechungen des Ich haben übertölpeln lassen. Allmählich verstehen Sie, dass sowohl Hoffnung als auch Furcht Feinde Ihres inneren Friedens sind; Hoffnungen täuschen Sie und lassen Sie ängstlich und verbittert zurück, und Furcht hält Sie wie gelähmt in der engen Zelle Ihrer falschen Identität gefangen. Sie sehen also, wie vollkommen die Diktatur des Ich über Ihren Geist gewesen ist, und in dem Freiraum, der sich auftut, wenn die Meditation Sie zeitweilig vom Greifen befreit, erhalten Sie einen Eindruck von der erfrischenden Weite Ihrer wahren Natur.

20. Mai

Die Zeit, in der Sie leiden, ist oft die Zeit, da Sie am offensten sind; und wenn Sie am verletzlichsten sind, finden Sie vielleicht auch zu Ihrer wahren Stärke.
Sagen Sie daher zu sich selbst: »Ich werde vor diesem Leiden nicht davonlaufen. Ich möchte es auf die beste mir mögliche Weise nutzen, um dadurch mitfühlender und nützlicher für andere zu werden.« Leiden kann uns Mitgefühl lehren. Erst wenn Sie selbst leiden, wissen Sie, was es für andere bedeutet zu leiden. Und wenn Sie in der Lage sind, anderen zu helfen, dann entwickeln Sie durch die Erfahrung Ihres eigenen Leidens jenes Mitgefühl und Verständnis, die Sie das Richtige tun lassen.

21. Mai

Manchmal, wenn sich im Lehrer oder in den Lehren mehr von der Wahrheit über uns selbst widerspiegelt, als wir ertragen können, ist es einfach zu schwierig, zu erschreckend und zu schmerzhaft für uns, das als unsere Wirklichkeit zu sehen und zu akzeptieren. Deswegen leugnen wir es und weisen es zurück, in einem absurden und verzweifelten Versuch, uns vor uns selbst zu schützen, vor dem, was wir wirklich sind. Wenn diese Dinge zu machtvoll werden, es sich als zu schwierig für uns erweist, sie anzunehmen, projizieren wir sie nach außen, auf die Welt, auf die Menschen um uns herum – normalerweise gerade auf die Menschen, die uns helfen wollen und die uns am meisten lieben: unseren Lehrer, unsere Eltern oder unsere engsten Freunde.
Wie können wir diesem rigiden Abwehrmechanismus beikommen? Am allerbesten wäre es, wenn wir selbst erkennen würden, dass wir bisher von unseren eigenen Verblendungen getäuscht wurden. Ich habe selbst erlebt, wie nur ein flüchtiger Blick auf die Wahrheit, ein kurzer Einblick in die wahre Sicht, die ganze fantastische Konstruktion falscher Sichtweisen, beruhend auf Unwissenheit, in nur einem Augenblick zum Einsturz bringen konnte.

22. Mai

In gewissem Sinne ist alles traumgleich und illusorisch – dennoch fährst du voller Humor fort zu handeln. Wenn du zum Beispiel gehst, dann schreite ohne unnötige Feierlichkeit oder Befangenheit leichten Herzens dem offenen Raum der Wahrheit entgegen. Wenn du sitzt, sei die Festung der Wahrheit. Wenn du isst, füttere mit deinen Negativitäten und Täuschungen den Bauch der Leerheit, löse sie auf im allumfassenden Raum. Und wenn du zur Toilette gehst, stell dir vor, dass alle deine Verblendungen und Blockaden gereinigt und weggespült werden.

DUDJOM RINPOCHE

23. Mai

Es ist wesentlich, jetzt im Leben, solange wir noch einen Körper haben, seine augenfällige und so überzeugende Solidität als bloße Illusion zu erkennen. Am wirkungsvollsten gelingt uns das, wenn wir nach der Meditation ein »Kind der Illusion werden«, das heißt nicht mehr wie gewohnt der Versuchung erliegen, alle Wahrnehmungen von uns und der Welt »fest« werden zu lassen, sie quasi einzufrieren, sondern stattdessen – wie es einem »Kind der Illusion« gebührt – erkennen, dass alle Phänomene illusorisch und traumgleich sind, eine Erkenntnis, die ja auch in der Meditation angestrebt wird. Dieses Begreifen der illusorischen Natur unseres Körpers und aller Phänomene ist eine der tiefgründigsten und inspirierendsten Motivationen, um loszulassen.

24. Mai

Wenn wir uns in einem negativen Geisteszustand befinden, ist es nur natürlich, dass wir eher zweifeln als vertrauen.
Von einem buddhistischen Standpunkt aus ist der Zweifel ein Ausdruck des Mangels an vollständigem Verstehen. Und er ist ebenso Ausdruck eines Mangels an spiritueller Bildung. Aber der Zweifel wird auch als Katalysator im Entwicklungsprozess des gläubigen Vertrauens gesehen. Nur indem wir uns Zweifeln und Schwierigkeiten stellen, können wir merken, ob unser gläubiges Vertrauen einfältig, frömmelnd oder konzeptuell ist oder stark, dauerhaft und in einem tiefen Herzensverständnis verankert.
Wenn Sie Vertrauen haben, dann wird es mit Sicherheit früher oder später auf die Probe gestellt. Und woher auch immer die Herausforderung kommen mag – ob aus Ihnen selbst oder von außen –, sie ist einfach Teil des Prozesses von Glauben und Zweifel.

25. Mai

Was nützt es uns, zum Mond reisen zu können, wenn es uns nicht gelingt, den Abgrund zu überwinden, der uns von uns selbst trennt? Dies ist die wichtigste aller Entdeckungsreisen; ohne sie sind alle anderen nicht nur nutzlos, sondern zerstörerisch.

Thomas Merton

26. Mai

Stellen Sie sich vor, Sie lebten in einem Haus auf der Spitze eines Berges, der wiederum der Gipfel der Welt wäre. Plötzlich stürzt das Haus, das Ihre Sicht begrenzt hat, in sich zusammen. Sie haben nun in alle Richtungen freien Blick, sowohl nach innen wie auch nach außen. Aber kein »Ding« ist dort zu sehen; für das, was da geschieht, gibt es keinerlei gewöhnlichen Vergleich: Es ist beispielloses, vollkommenes, totales Sehen. So fühlt es sich an, wenn Rigpa direkt enthüllt wird.

27. Mai

Selbst der größte Yogi erlebt Schmerz und Freude. Der Unterschied zwischen einem gewöhnlichen Menschen und einem Yogi liegt in der Sicht und der Reaktion auf die Emotionen. Ein gewöhnlicher Mensch nimmt sie instinktiv entweder an oder weist sie zurück, und so werden Anhaftung und Abneigung geweckt, was wiederum in der Ansammlung negativen Karmas resultiert. Ein Yogi jedoch nimmt alle Erscheinungen in ihrem natürlichen, ursprünglichen Zustand wahr, ohne dabei ein Greifen zuzulassen.

28. Mai

Jikme Gyalwe Nyugu, der spätere Lehrer Patrul Rinpoches, hatte schon viele Jahre übend in der Abgeschiedenheit einer Berghöhle verbracht. Als er eines Tages vor seine Höhle trat, schien die Sonne besonders hell. Er schaute in den Himmel und sah eine Wolke, die in Richtung des Ortes zog, an dem sein Lehrer Jikme Lingpa lebte. Er dachte: »Dort, weit fort, ist mein Meister«, und mit diesem Gedanken stieg eine so tiefe und erschütternde Sehnsucht und Hingabe in ihm auf, dass er bewusstlos zu Boden sank.

Als Jikme Gyalwe Nyugu wieder zu sich kam, hatte sich der Weisheitsgeist seines Meisters vollständig auf ihn übertragen, und er hatte die höchste Stufe der Verwirklichung erlangt, die wir »Erschöpfung der Wirklichkeit der Phänomene« nennen.

29. Mai

Seien Sie vor allem gelassen, so natürlich und offen wie nur möglich.
Streifen Sie ganz sachte die Fesseln Ihres ängstlichen Selbst ab. Lösen Sie alles Greifen, und entspannen Sie sich in Ihre wahre Natur. Stellen Sie sich Ihre gewöhnliche, emotionsgeladene und gedankengeplagte Persönlichkeit wie einen Block aus Eis oder ein Stück Butter vor, das in der Sonne liegt. Wenn Sie sich hart und kalt fühlen, dann lassen Sie diesen Zustand im Sonnenlicht Ihrer Meditation sich auflösen und einfach dahinschmelzen. Lassen Sie den Frieden an sich arbeiten und Sie befähigen, Ihren zerstreuten Geist in die Achtsamkeit des »Ruhigen Verweilens« zu sammeln und in Ihnen das Gewahrsein und die Einsicht des »Klaren Sehens« zu wecken. Sie werden erleben, wie Ihre Negativität entwaffnet wird, Ihre Aggressivität sich verflüchtigt und Ihre Verwirrung sich langsam, wie Nebel, in den ungeheuren und makellosen Raum Ihrer absoluten Natur hinein auflöst.

30. Mai

Was geboren ist, wird sterben,
Was zusammengetragen wurde, wird zerstreut,
Was sich angehäuft hat, wird erschöpft,
Was aufgebaut wurde, wird zusammenbrechen,
Und was hoch war, wird niedrig werden.

AUS DEN BUDDHISTISCHEN SCHRIFTEN

31. Mai

Was können wir nun tun, um Anhaftung zu überwinden? Wir müssen das Wesen der Vergänglichkeit erkennen. Mit dieser Erkenntnis lösen wir uns langsam aus ihrem Griff. Wir nähern uns einer Haltung, die die Meister eine rechte Einstellung zum Wandel nennen: Wir sind dann wie der Himmel, der die Wolken vorbeiziehen sieht, oder wie Quecksilber, das stets rein bleibt, auch wenn es auf den Boden fällt, da es sich niemals mit dem Staub vermischt. Wenn wir den Anweisungen der Meister zu folgen versuchen und langsam frei werden von Anhaftung, wird großes Mitgefühl in uns geweckt. Die Wolken zwanghaften Greifens reißen auf und verziehen sich, und die Sonne unseres aufrichtig mitfühlenden Herzens geht auf.

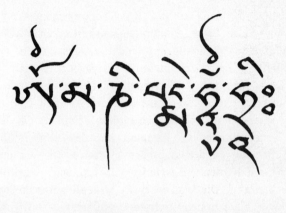

OM MANI PADME HUM HRIH
*Das Mantra von Avalokiteshvara,
dem Bodhisattva des Mitgefühls*

1. Juni

Ruhig sitzend, den Körper still, den Mund schweigend, den Geist in Frieden, lassen Sie Ihre Gedanken und Emotionen kommen und gehen, ohne an irgendetwas festzuhalten.
Wie fühlt sich dieser Zustand an? Dudjom Rinpoche hat ihn folgendermaßen beschrieben: »Stell dir einen Mann vor, der nach einem langen, harten Arbeitstag auf dem Feld endlich nach Hause kommt und sich in seinen Lieblingssessel vor dem Kaminfeuer fallen lässt. Er hat den ganzen Tag geschuftet und weiß, dass getan ist, was zu tun war; jetzt braucht er sich um nichts mehr Gedanken zu machen, nichts ist unerledigt geblieben, er kann also alle Sorgen und Gedanken fahren lassen – zufrieden, einfach nur zu sein.«

2. Juni

Solange der Geist leer ist, ist er aufnahmebereit für alles. Dem Geist des Anfängers stehen viele Möglichkeiten offen, dem Geist des Fortgeschrittenen nur wenige.

Suzuki-Roshi

3. Juni

Hingabe ist die Essenz des Pfades; wenn wir nichts anderes im Sinn haben als den Guru und nichts anderes empfinden als tiefe Hingabe, wird alles, was erscheint, als sein Segen wahrgenommen. Wenn wir einfach mit dieser ständig präsenten Hingabe üben, dann ist das in sich selbst Gebet.
Sind alle Gedanken mit Hingabe an den Guru erfüllt, dann hat man das natürliche Vertrauen, sich um nichts weiter sorgen zu müssen. Alle Formen sind der Guru, alle Klänge sind Gebet und alle groben und feinen Gedanken entstehen als Hingabe. Alles ist unmittelbar in die absolute Natur befreit wie in den Himmel geknüpfte Knoten.

DIEGO KHYENTSE RINPOCHE

4. Juni

Was ist Mitgefühl? Es ist nicht nur ein Gefühl der Sympathie oder Fürsorge für den leidenden Menschen, nicht einfach eine Herzenswärme gegenüber Ihrem Nächsten oder ein klares Erkennen seiner Nöte und Bedürfnisse, sondern darüber hinaus eine niemals nachlassende Entschlossenheit, alles Mögliche und Nötige zu unternehmen, um sein Leid zu erleichtern.

5. Juni

Im Laufe Ihrer Übung werden Sie viele verschiedene *Erfahrungen* machen – gute und schlechte. Sie mögen Zustände von Glückseligkeit, Klarheit oder Abwesenheit von Gedanken erfahren. In gewisser Hinsicht sind das recht gute Erfahrungen, die Ihre Fortschritte im Meditieren anzeigen. Wenn Sie nämlich *Glückseligkeit* erfahren, ist das ein Zeichen dafür, dass sich *Begierde* vorübergehend aufgelöst hat; wenn Sie echte *Klarheit* erfahren, signalisiert das ein zeitweiliges Abflauen von *Aggression;* wenn Sie die *Abwesenheit von Gedanken* erfahren, ist das ein Zeichen, dass Ihre *Unwissenheit* vorübergehend gestorben ist. Für sich genommen sind das gute Erfahrungen, aber wenn Sie an Ihnen hängen bleiben, werden sie zu Hindernissen.

Erfahrungen sind selbst keine Verwirklichungen; aber wenn wir nicht an ihnen kleben bleiben, werden sie zu dem, was sie eigentlich sind: *Rohstoff für Erleuchtung.*

6. Juni

Sich mit dem Tod auseinander zu setzen muss nicht morbide oder beängstigend sein. Warum nicht dann über den Tod nachdenken, wenn Sie wirklich inspiriert sind, entspannt und bequem im Bett liegen, im Urlaub weilen oder gerade gute Musik hören? Warum nicht über den Tod nachdenken, wenn Sie glücklich sind, bei guter Gesundheit, voller Vertrauen, und sich wohl fühlen?

Sie haben doch sicher schon Zeiten erlebt, in denen Sie ganz natürlich zur Innenschau neigten. Diese Gelegenheiten sollten Sie einfühlsam nutzen, denn *das sind die Augenblicke, in denen wir eine machtvolle Erfahrung machen können, die die Kraft hat, unsere ganze Sicht der Welt schlagartig zu verwandeln*. Es sind Augenblicke, in denen frühere Überzeugungen und Meinungen sich wie von selbst auflösen und uns völlig verwandelt zurücklassen.

7. Juni

Eigentlich sollen die Augen in der Meditation offen bleiben: Dies ist ein sehr wichtiger Punkt. Wenn Sie jedoch empfindlich auf äußere Einflüsse reagieren, mag es zu Beginn Ihrer Übung hilfreich sein, die Augen für eine Weile zu schließen und sich still nach innen zu wenden.
Wenn Sie sich dann ruhiger und ausgeglichener fühlen, öffnen Sie die Augen nach und nach wieder, und Sie werden merken, dass Ihr Blick friedvoller und ruhiger geworden ist. Dann blicken Sie nach unten, Ihren Nasenrücken entlang, in einem Winkel von ungefähr 45 Grad vor sich auf den Boden. Ein allgemeiner praktischer Ratschlag besteht darin, den Blick zu senken, wenn der Geist aufgewühlt ist, ihn aber nach oben zu richten, sobald man sich schläfrig und benommen fühlt.
Wenn Ihr Geist einmal ruhig geworden ist und die Klarheit der Einsicht zu entstehen beginnt, werden Sie sich freier fühlen, den Blick zu heben, die Augen noch weiter zu öffnen und ohne Fixpunkt in den Raum vor sich zu blicken. Diese Art offenen Schauens wird in der Dzogchen-Praxis empfohlen.

8. Juni

Ich werde denen, die Vertrauen haben, stets nahe sein, und sogar denen, die nicht vertrauen, obwohl sie mich nicht sehen. Meine Kinder werden immer, immer durch mein Mitgefühl geschützt sein.

PADMASAMBHAVA

9. Juni

Wenn wir in wechselseitigen Beziehungen mit allem und jedem stehen, haben selbst unsere kleinsten und unwichtigsten Gedanken, Worte und Taten reale Konsequenzen im gesamten Universum.
Werfen Sie einen Stein in einen Teich, und die Oberfläche des Wassers wird sich in konzentrischen Kreisen kräuseln. Die Kreise gehen ineinander über und erzeugen neue. Alles ist unauflösbar miteinander verwoben: Wir kommen zu der Erkenntnis, dass wir für alles, was wir denken, sagen oder tun, verantwortlich sind. Wir sind wirklich verantwortlich für uns selbst, jeden und alles andere – das ganze Universum.

10. Juni

Hüten Sie sich davor, dem Geist etwas vorzuschreiben oder ihn einzuengen. Wenn Sie meditieren, sollten Sie sich nicht um Kontrolle bemühen und auch nicht versuchen, friedvoll zu sein. Seien Sie nicht übermäßig feierlich, weil Sie glauben, an einem besonderen Ritual teilzunehmen; lassen Sie selbst die Vorstellung fallen, dass Sie überhaupt meditieren. Lassen Sie den Körper, wie er ist, und den Atem sich selber finden.

Fühlen Sie sich wie der Himmel, der das ganze Universum hält.

11. Juni

Der Buddha hatte erkannt, dass das Nicht-Wissen um unsere wahre Natur die Wurzel aller Qualen von Samsara ist und dass die Wurzel für diese Unwissenheit wiederum die gewohnheitsmäßige Tendenz des Geistes ist, sich ablenken zu lassen.

Mit der Ablenkung des Geistes Schluss zu machen würde also bedeuten, mit Samsara selbst Schluss zu machen. Und der Schlüssel hierzu, so hatte er erkannt, liegt darin, den Geist zurückzuführen zu seiner wahren Natur, ihn heimzubringen durch die Praxis der Meditation.

12. Juni

Es gäbe nicht die geringste Möglichkeit, sich mit dem Tod vertraut zu machen, wenn er nur ein einziges Mal einträte. Aber zum Glück ist das Leben nichts anderes als ein andauernder Reigen von Geburt und Tod, der Reigen des ewigen Wandels. Jedes Mal, wenn ich das Rauschen eines Gebirgsbachs höre, die Brandung des Meeres oder meinen eigenen Herzschlag – immer höre ich den Klang der Vergänglichkeit. Diese Veränderungen, diese kleinen Tode sind unsere lebendige Verbindung mit dem Tod. Sie sind der Puls des Todes, sein Herzschlag, der uns drängt, alles, woran wir hängen, loszulassen.

13. Juni

Sitzen Sie kurze Zeit, und machen Sie dann eine ganz kurze Pause, nur etwa eine halbe bis eine Minute lang. Bleiben Sie aber bei allem, was Sie tun, achtsam, um nicht Ihre Präsenz samt deren natürlicher Gelassenheit zu verlieren. Dann konzentrieren Sie sich und sitzen wieder.

Wenn Sie viele solcher kurzen Sitzungen machen, dann können die Pausen Ihrer Meditation mehr Realität und Inspiration verleihen; sie werden Ihrer Praxis die unbeholfene, ermüdende Verkrampftheit und unnatürliche Feierlichkeit nehmen und Ihnen mehr und mehr Sammlung und Gelassenheit verleihen. Durch dieses Wechselspiel von Pausieren und Sitzen wird schrittweise die Grenze zwischen Meditation und Alltagsleben durchlässig, der Gegensatz zwischen ihnen löst sich auf, und Sie werden zunehmend ohne Ablenkung in natürlicher, reiner Präsenz verweilen.

Dann tritt ein, was Dudjom Rinpoche zu sagen pflegte: »Selbst wenn der Meditierende die Meditation verlassen mag – die Meditation wird den Meditierenden nicht mehr verlassen.«

14. Juni

Weil das Gesetz von Karma unausweichlich und unfehlbar ist, verletzen wir im Grunde immer uns selbst, wenn wir anderen schaden; wenn wir sie aber glücklich machen, schaffen wir damit für uns selbst zukünftiges Glück. Darum sagt der Dalai Lama:
»Wenn Sie Ihre selbstsüchtigen Motive wie Gier, Zorn und dergleichen überwinden und mehr Güte und Mitgefühl für andere entwickeln, werden letztlich Sie selbst den größten Nutzen davon haben. Deshalb sage ich manchmal scherzhaft, dass ein weiser selbstsüchtiger Mensch auf diese Art handeln sollte. Dumme selbstsüchtige Menschen denken immer nur an sich und das Ergebnis ist negativ. Wer weise selbstsüchtig ist, denkt an andere, hilft anderen, so gut er kann, und als Ergebnis erfährt auch er selbst Nutzen.«

15. Juni

Die Lehren aller mystischen Traditionen der Welt sagen übereinstimmend, dass jeder von uns ein enormes Reservoir an Kraft besitzt: die Kraft der Weisheit und des Mitgefühls, die Kraft dessen, was Christus »das Königreich Gottes« nannte. Wenn wir lernen, diese Kraft zu nutzen – und um nichts anderes geht es bei der Suche nach Erleuchtung –, kann sie nicht nur uns selbst verwandeln, sondern auch die Welt um uns herum. Hat es je eine Zeit gegeben, in der der Einsatz dieser heiligen Kraft notwendiger gewesen wäre als heute? Hat es je eine Zeit gegeben, in der das Verständnis der Natur dieser reinen Kraft und das Wissen um ihre Anwendung zum Wohle der ganzen Welt überlebenswichtiger gewesen wäre?

16. Juni

Manchmal necke ich die Leute und frage: »Was macht Sie so sicher, dass es kein Leben nach dem Tode gibt? Welchen Beweis haben Sie dafür? Was ist, wenn Sie es bis zu Ihrem Tod leugnen und nachher feststellen müssen, dass es doch weitergeht?«

Jene unter uns, die sich einer spirituellen Disziplin widmen – wie etwa der Meditation –, lernen eine ganze Menge über ihren eigenen Geist. Wenn sich nämlich unser Bewusstsein der Existenz der außerordentlichen, weiten und bis dahin unvorstellbaren Natur des Geistes zu öffnen beginnt, erhalten wir Einblicke in eine völlig andersartige Dimension, in der sich alle früheren Überzeugungen in Bezug auf unsere Identität und unsere Sicht der Wirklichkeit, die wir so gut zu kennen glaubten, auflösen und in der die Möglichkeit von weiteren Leben zumindest wahrscheinlich wird. Wir beginnen zu verstehen, dass alles, was die Meister über Leben und Tod sowie das Leben nach dem Tode lehren, Realität besitzt.

17. Juni

Es kann kaum einen größeren Fehler geben, als zu denken, dass Unwissenheit dumpf oder einfältig sei, dass sie passiv sei oder ein Mangel an Intelligenz. Im Gegenteil. Sie ist gewieft und aalglatt, geschmeidig und genial im Spiel der Täuschung. In unseren falschen Sichtweisen und glühenden Überzeugungen finden wir eine ihrer tiefsten und, wie der Buddha sagt, gefährlichsten Manifestationen:

> Was fürchtest du einen wild gewordenen Elefanten,
> Der höchstens deinen Körper hier und jetzt vernichten kann,
> Während du gleichzeitig unter dem Einfluss missgeleiteter
> Menschen und falscher Sichtweisen stehst,
> Was nicht nur den gesamten Verdienst, den du in der Vergangenheit angesammelt hast, zerstört,
> Sondern darüber hinaus deinen Pfad zur Freiheit blockiert?

18. Juni

Da reines Gewahrsein des Jetzt der wahre
   Buddha ist,
Finden wir in Offenheit und Zufriedenheit den
   Meister in unserem Herzen.
Wenn wir erkennen, dass dieser unendliche Geist
   das Wesen des Meisters ist,
Dann gibt es keinen Grund für anhaftende, fordernde,
   klagende Gebete oder künstliche Beschwerden.
Indem wir uns einfach entspannen in diesem
   unverfälschten, offenen und natürlichen Zustand,
Erlangen wir den Segen absichtsloser
   Selbstbefreiung von allem, was entsteht.

DUDJOM RINPOCHE

19. Juni

Was immer Sie auch tun, verschließen Sie sich niemals Ihrem Schmerz; nehmen Sie ihn an, und bleiben Sie verletzlich. Wie verzweifelt Sie auch sein mögen, nehmen Sie Ihren Schmerz an, wie er ist, denn er versucht, Ihnen ein unschätzbares Geschenk zu machen: die Chance, durch spirituelle Praxis das zu entdecken, was hinter dem Leiden liegt. »Trauer«, schrieb Rumi, »kann ein Garten des Mitgefühls sein. Wenn du dein Herz während aller Erfahrungen offen hältst, kann der Schmerz dein bester Verbündeter werden auf der lebenslangen Suche nach Liebe und Weisheit.«

20. Juni

Wenn Sie erkannt haben, dass die Natur Ihres Geistes mit der des Meisters identisch ist, ist ein Gefühl des Getrenntseins von ihm nicht mehr möglich. Weil der Meister eins ist mit der Natur Ihres Geistes, ist er – ebenso wie diese – stets gegenwärtig.

Wenn Sie die Untrennbarkeit vom Meister erkannt haben, fühlen Sie grenzenlose Dankbarkeit und Ehrfurcht. Dudjom Rinpoche nennt diese Empfindung »die Ehrerbietung der Sicht« – eine Hingabe, die ganz von selbst aus der Erkenntnis der Natur des Geistes entspringt.

21. Juni

Stellen Sie sich möglichst lebhaft eine Situation vor, in der Sie sich wirklich mies verhalten haben oder etwas, wofür Sie sich so schämen, dass Sie sich bei der bloßen Erinnerung daran innerlich immer noch winden.

Wenn Sie nun einatmen, übernehmen Sie die volle Verantwortung für Ihr Handeln in dieser speziellen Situation, versuchen Sie nicht, Ihr Verhalten zu rechtfertigen. Bekennen Sie, was Sie falsch gemacht haben, und bitten Sie von ganzem Herzen um Verzeihung. Wenn Sie jetzt ausatmen, strahlen Sie Versöhnung, Vergebung, Heilung und Verständnis aus.

Sie atmen also Unheil ein und das Wiedergutmachen von Unrecht aus; Sie atmen Verantwortung ein und Heilung, Vergebung und Versöhnung aus.

Diese Übung ist sehr wirkungsvoll. Sie kann Ihnen sogar den Mut und die Kraft verleihen, den Menschen, dem Sie Unrecht getan haben, tatsächlich aufzusuchen und ihn oder sie von Herzen um Vergebung zu bitten.

22. Juni

Was wirklich zählt, ist nicht die Übung des Sitzens selbst, sondern vielmehr der geistige Zustand, in dem Sie sich nach der Meditation befinden. Diesen ruhigen und zentrierten Geisteszustand sollten Sie in allem, was Sie tun, aufrechterhalten. Mir gefällt die Zen-Geschichte, in der ein Schüler seinen Meister fragt:

> »Meister, wie setzt Ihr Erleuchtung in die Tat um? Wie praktiziert Ihr sie im Alltag?«
> »Indem ich esse und schlafe«, antwortete der Meister.
> »Aber Meister, jeder isst und jeder schläft.«
> »Aber nicht jeder isst, wenn er isst, und nicht jeder schläft, wenn er schläft.«

Daraus leitet sich der bekannte Zen-Spruch ab: »Wenn ich esse, esse ich; wenn ich schlafe, schlafe ich.«
Zu essen, wenn Sie essen, und zu schlafen, wenn Sie schlafen, bedeutet, in all Ihren Handlungen wirklich präsent zu sein, ohne dass die Ablenkungsversuche des Ich Sie davon abhalten können, voll und ganz da zu sein. Das ist Integration.

23. Juni

Denken wir uns den Tod für einen Augenblick als eigenartiges Grenzgebiet des Geistes, ein Niemandsland, in dem wir durch den Verlust unseres Körpers einerseits ungeheures emotionales Leid erfahren können, wenn wir seine illusorische Natur nicht verstehen, in dem sich uns andererseits aber die Möglichkeit grenzenloser Freiheit bietet, einer Freiheit, die gerade der Abwesenheit eben dieses Körpers entspringt.
Wenn wir endlich vom Körper befreit sind, der unser Selbstverständnis so lange definiert und beherrscht hat, ist die karmische Vision eines Lebens vollständig erschöpft, und all das eventuell für die Zukunft geschaffene Karma ist noch nicht manifest geworden.
Im Moment des Todes öffnet sich also eine »Lücke«, ein Raum, angefüllt mit ungeheuren Möglichkeiten, ein Augenblick enormer potenzieller Kraft – und es zählt nur noch, wie unser Geist wirklich *ist*. Des physischen Körpers ledig, steht der Geist nackt da, urplötzlich entlarvt als das, was er schon immer war: der Baumeister unserer Wirklichkeit.

24. Juni

Ich erinnere mich, dass zu meinem Meister Jamyang Khyentse häufig Menschen kamen, um seinen Rat für den Zeitpunkt ihres Todes zu erbitten. Jamyang Khyentse war in ganz Tibet, vor allem aber in der östlichen Provinz Kham, so hoch angesehen, dass manche eine monatelange Reise auf sich nahmen, nur um vor ihrem Tod noch seinen Segen zu erhalten. Er pflegte allen den gleichen Rat zu geben – wie alle meine anderen Meister auch –, einen Rat, der das, was im Moment des Todes von Bedeutung ist, auf den Punkt bringt:

»Sei frei von Anhaftung und Abneigung. Halte deinen Geist rein. Und vereine deinen Geist mit dem Buddha.«

25. Juni

Wer eine Freude an sich bindet,
Für den die Beschwingtheit des Lebens entschwindet;
Doch wer die Freude küsst, wo sie fliegt,
Wird vom ewigen Sonnenaufgang gewiegt.

WILLIAM BLAKE

26. Juni

Wenn Sie den Zustand der Meditation, inspiriert durch die Sicht, ganz natürlich erreichen, können Sie lange Zeit und ohne Ablenkung oder besondere Mühe darin verweilen. Dann gibt es keine so genannte »Meditation« mehr zu schützen oder aufrechtzuerhalten, denn Sie sind im natürlichen Fluss der Weisheit von Rigpa. Und sobald Sie sich in diesem Zustand befinden, erkennen Sie, dass es immer so gewesen ist und immer so sein wird. Wenn die Weisheit von Rigpa erscheint, kann nicht einmal mehr eine Spur von Zweifel bestehen und tiefes, vollständiges Begreifen entsteht mühelos und direkt.

Dieser Augenblick ist der Moment des Erwachens, und Sie werden sich darüber amüsieren, wie unangemessen all Ihre früheren Konzepte und Vorstellungen über die Natur des Geistes waren.

27. Juni

Es gibt mehrere Gründe dafür, in der Meditation die Augen offen zu halten. Mit offenen Augen werden Sie weniger leicht einschlafen. Und schließlich ist Meditation ja auch kein Mittel, um vor der Welt davonzulaufen und sich in die tranceähnlichen Erfahrungen eines veränderten Bewusstseinszustands zu flüchten. Im Gegenteil, Meditation ist ein direkter Weg, uns zu einem tieferen Verständnis unserer selbst und zu einem angemessenen Umgang mit dem Leben und der Welt zu verhelfen.

Darum lassen Sie in der Meditation die Augen offen. Statt das Leben auszugrenzen, bleiben Sie offen und in Frieden mit allem. Lassen Sie alle Sinne – Hören, Sehen, Fühlen – ganz offen, natürlich, so wie sie sind, ohne nach den Wahrnehmungen zu greifen.

Was Sie auch sehen, was Sie auch hören, lassen Sie es, wie es ist, ohne zu greifen. Lassen Sie das Hören im Hören, lassen Sie das Sehen im Sehen, ohne die Wahrnehmungen festhalten zu wollen.

28. Juni

Denken Sie einmal über Folgendes nach: Die Erkenntnis der Vergänglichkeit ist paradoxerweise das Einzige, woran wir uns halten können, vielleicht unser einziger dauerhafter Besitz. Sie ist wie Himmel und Erde. Egal wie viel sich auch um uns herum ändert oder zusammenbricht – Himmel und Erde bleiben bestehen.
Nehmen wir einmal an, wir erlebten eine schwere emotionale Krise..., unser ganzes Leben scheint sich in seine Bestandteile aufzulösen..., unser Partner verlässt uns plötzlich ohne Vorwarnung. Die Erde ist immer noch da; der Himmel ist immer noch da. Gewiss, sogar die Erde bebt hin und wieder – als wollte sie uns daran erinnern, dass wir nichts für selbstverständlich nehmen dürfen...

29. Juni

Alle buddhistischen Lehren lassen sich im Rahmen der Begriffe »Grund, Pfad und Frucht« erklären. Der Grund von Dzogchen ist der fundamentale, ursprüngliche Zustand – unsere absolute Natur, die bereits vollkommen ist und immer präsent.
Patrul Rinpoche sagt: »Sie ist weder außen zu finden, noch ist es etwas, das wir nicht schon besäßen und was in unserem Geist neu geboren werden müsste.« Aus der Sicht des Grundes ist unsere absolute Natur dieselbe wie die der Buddhas. Auf dieser Ebene ist, wie die Meister sagen, nicht das kleinste bisschen an Lehre oder Übung nötig.

30. Juni

Die Dzogchen-Meister sind sich der negativen Folgen, die ein Missverstehen des Relativen und des Absoluten mit sich bringt, sehr wohl bewusst. Wer die Wechselbeziehung dieser beiden Seiten der Wahrheit nicht richtig begreift, läuft Gefahr, die relativen Aspekte der Praxis sowie das karmische Gesetz von Ursache und Wirkung zu übersehen oder gar zu verachten.

Wer jedoch die Bedeutung von Dzogchen wirklich erfasst hat, wird einen gesteigerten Respekt vor der Gesetzmäßigkeit von Karma haben und die Notwendigkeit innerer Reinigung und anderer spiritueller Praktiken nur umso tiefer und eindringlicher empfinden. Ein solcher Mensch wird freudig und mit lebendiger und natürlicher Disziplin nach der Beseitigung dessen streben, was zwischen ihm und seiner wahren Natur steht, weil er die unermessliche Weite kennt, die in ihm verborgen liegt.

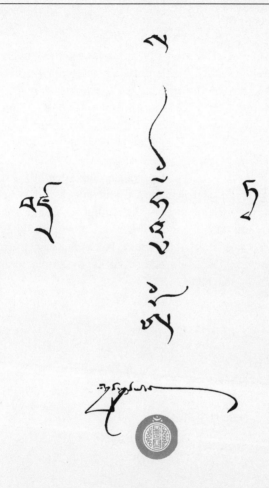

OM VAJRASATTVA HUM
Das Mantra von Vajrasattva zur Reinigung und Heilung

1. Juli

In der Meditation werden negative Erfahrungen oft missverstanden, weil wir sie normalerweise als schlechte Zeichen deuten. Tatsächlich aber sind sie ein versteckter Segen in unserer Übung. Versuchen Sie, nicht wie gewöhnlich mit Widerwillen darauf zu reagieren, sondern erkennen Sie sie als das, was sie eigentlich sind: bloße Erfahrungen, illusorisch und traumgleich.

Die Erkenntnis der wahren Natur der Erfahrungen bewahrt Sie vor der Gefahr oder dem Leid, die sie mit sich bringen, und so kann selbst eine negative Erfahrung zur Quelle von Inspiration und Erfüllung werden. Es gibt unzählige Geschichten, wie Meister auf diese Weise mit negativen Erfahrungen umgingen und sie so zu Katalysatoren ihrer Verwirklichung machten.

2. Juli

Wir fragen uns oft, wie wir mit unserer Negativität oder bestimmten störenden Emotionen umgehen können. In der offenen Weite der Meditation können Sie Ihre Gedanken und Emotionen mit einer völlig unvoreingenommenen Haltung anschauen.

Wenn sich Ihre Einstellung ändert, verwandelt sich die gesamte Atmosphäre Ihres Geistes, Ihre Gedanken und Emotionen. Wenn Sie umgänglicher werden, werden sie es auch; wenn *Sie* keine Schwierigkeiten mit ihnen haben, dann haben *sie* auch keine mehr mit Ihnen.

3. Juli

Stellen Sie sich vor, Sie hätten Probleme mit einem Ihnen lieben Menschen – mit Ihrem Vater oder Ihrer Mutter, einem Freund oder einer Freundin. Wie hilfreich und entwaffnend kann es da sein, den anderen nicht in seiner »Rolle« als Vater oder Mutter, als Ehemann oder Ehefrau zu sehen, sondern einfach als ein anderes »Du«, ein anderes menschliches Wesen, mit genau denselben Empfindungen, demselben Wunsch nach Glück, derselben Angst vor Leid, wie Sie selbst sie empfinden. Im anderen einfach einen Menschen zu erkennen, dem es genauso geht wie Ihnen, wird Ihr Herz für ihn öffnen, und Sie werden besser verstehen, wie Sie helfen können.

4. Juli

Wie in allen Künsten, so muss es auch in der Meditation eine subtile Ausgewogenheit zwischen Entspannung und Wachheit geben. Einst übte ein Mönch namens Shrona mit einem der engsten Schüler des Buddha Meditation. Er hatte große Schwierigkeiten, die richtige Geisteshaltung zu finden. Erst machte er so große Anstrengungen, sich zu konzentrieren, dass er Kopfschmerzen bekam. Daraufhin entspannte er seinen Geist so sehr, dass er einschlief. Schließlich wandte er sich Hilfe suchend an den Buddha.
Der Buddha wusste, dass Shrona ein berühmter Musiker gewesen war, bevor er Mönch wurde, und so fragte er ihn:

»Hast du nicht die Vina gespielt, als du noch Laie warst?«
Shrona nickte.
»Wann hatte deine Vina den besten Klang? Wenn du die Saiten sehr straff gespannt hattest oder wenn sie eher locker waren?«
»Weder noch. Sie mussten genau die richtige Spannung haben – weder zu fest noch zu locker.«
»Nun, mit deinem Geist verhält es sich ganz genauso.«

5. Juli

Die Angst vor dem Tod hat mich in die Einsamkeit
  der Berge getrieben.
Wieder und wieder habe ich über die Ungewissheit
  der Todesstunde meditiert
Und so die Festung der unsterblichen, unendlichen
  Natur des Geistes erobert.
Jetzt ist's mit aller Angst vor dem Tode aus und
  vorbei.

MILAREPA

6. Juli

Die Lehren sagen uns deutlich, was zu erkennen ist, aber trotzdem müssen wir uns höchstpersönlich auf die Reise machen, damit es *unsere* Erkenntnis wird. Auf dieser Reise mögen uns Leiden, Schwierigkeiten, Zweifel und Misstrauen begegnen. All diese Widrigkeiten aber werden zu unserem größten Lehrmeister. Denn nur durch sie werden wir demütig und lernen, unsere Grenzen zu akzeptieren. Durch Überwindung der Hindernisse schließlich entwickeln wir jene innere Kraft und Furchtlosigkeit, die wir brauchen, um mit unseren Gewohnheiten und unseren festgefahrenen Mustern zu brechen und zu der größeren, umfassenderen Vision wirklicher Freiheit vorzustoßen, wie sie uns die spirituellen Lehren vermitteln.

7. Juli

Wir sind so begierig, nach außen zu schauen, dass wir den Kontakt zu unserem Innern weitestgehend verloren haben. Wir fürchten uns davor, nach innen zu blicken, weil die Gesellschaft uns keinerlei Vorstellung vermittelt von dem, was wir dort finden werden. Wir könnten sogar glauben, dass ein solcher Einblick das Risiko des Wahnsinns in sich berge. Diese Furcht ist einer der letzten und wirksamsten Tricks des Ich, uns von der Entdeckung unserer wahren Natur abzuhalten.

Wir führen also ein Leben voller Hektik, um auch das geringste Risiko auszuschalten, uns selbst anschauen zu müssen. Schon die bloße Vorstellung von Meditation kann manche Menschen erschrecken. Unter Begriffen wie »Ichlosigkeit« oder »Leerheit« stellen sie sich Erfahrungen vor, die sich anfühlen, als würde man aus der Luftschleuse eines Raumschiffs gestoßen und müsste für immer in einem dunklen, kalten Vakuum dahintreiben. Nichts könnte weiter von der Wahrheit entfernt sein! Aber in einer Welt, die sich der Ablenkung verschrieben hat, haben Schweigen und Stille etwas Erschreckendes. Wir schützen uns vor ihnen durch Lärm und irrwitzige Geschäftigkeit. In die Natur unseres eigenen Geistes zu schauen, ist das Letzte, was wir wagen würden.

8. Juli

Tiefgründig und still, frei von Vielschichtigkeit,
Nicht zusammengesetzte lichte Klarheit,
Jenseits von Geist und konzeptuellen Vorstellungen;
Dies ist die Tiefe des Geistes der Siegreichen.

Hierin gibt es nichts zu beseitigen
Und nichts hinzuzufügen.
Es ist einfach das Makellose,
Das natürlich sich selbst schaut.

NYOSHUL KHEN RINPOCHE

9. Juli

In der heutigen vernetzten Welt können Individuen und Nationen viele ihrer Probleme nicht mehr im Alleingang lösen. Wir brauchen einander. Wir müssen daher ein Gefühl universeller Verantwortung entwickeln ... Es ist unsere individuelle und kollektive Pflicht, die Familie der Lebewesen auf diesem Planeten zu schützen und zu erhalten, ihre schwachen Mitglieder zu stützen und für die Umwelt zu sorgen, in der wir alle leben.

DALAI LAMA

10. Juli

Schwierigkeiten und Hindernisse können sich – richtig verstanden und genutzt – oft als unerwartete Quelle der Kraft erweisen. So war es auch bei Gesar, dem großen Krieger-König Tibets, dessen Taten das bedeutendste Epos der tibetischen Literatur inspiriert haben. Gesar heißt so viel wie »unbezwingbar«. Seit Gesars Geburt versuchte sein Onkel Trotung alles nur Erdenkliche, um ihn zu töten. Aber mit jedem missglückten Mordversuch wurde Gesar lediglich stärker.

Für die Tibeter ist Gesar nicht nur ein kämpfender, sondern auch ein spiritueller Krieger. Ein spiritueller Krieger zu sein bedeutet, eine besondere Art von Mut zu entwickeln, eine Courage, die intelligent, sanft und furchtlos zugleich ist. Spirituelle Krieger kennen die Furcht sehr wohl, sind aber mutig genug, dem Leid nicht auszuweichen, ihre grundlegenden Ängste anzunehmen und aus Schwierigkeiten zu lernen.

11. Juli

Intensives Nachdenken über die Bedeutung des Todes und die vielen Facetten der Vergänglichkeit befähigt uns, vollen Nutzen aus unserem Leben zu ziehen, solange wir noch Zeit haben; und es führt dazu, dass wir sterben können, ohne Bedauern zu empfinden und ohne uns vorwerfen zu müssen, unser Leben verschwendet zu haben.

Wie Tibets berühmter Heiliger und Poet Milarepa sagte: »Meine Religion ist es, ohne Bedauern zu leben – und zu sterben.«

12. Juli

Mit völlig abgelenktem Geist,
Des Todes Nahen nicht bedenkend,
Ganz ohne jeden Sinn zu handeln
Und dann mit leeren Händen heimzukehren,
Wäre völlige Verblendung;
Notwendig ist daher Erkennen der spirituellen Lehren.
Warum nicht eben jetzt, in diesem Augenblick,
Den Pfad der Weisheit praktizieren?
Aus dem Munde der Heiligen kommen diese Worte:
Wenn du die Lehren deines Meisters nicht im Herzen trägst,
Wirst du nicht zum Betrüger deiner selbst?

DAS TIBETISCHE BUCH DER TOTEN

13. Juli

Den Geist zu »trainieren« bedeutet keinesfalls, ihn gewaltsam zu unterdrücken oder einer Gehirnwäsche zu unterziehen. Geistestraining heißt zuerst einmal, direkt und klar zu erkennen, wie der Geist arbeitet; ein Wissen, das man aus den spirituellen Lehren in Verbindung mit persönlicher Erfahrung in der Meditationspraxis gewinnt. Dieses Verständnis können wir dann nutzen, um den Geist zu zähmen, geschickt mit ihm umzugehen und ihn immer geschmeidiger zu machen, damit wir endlich Herr unseres eigenen Geistes werden und ihn schließlich voll und ganz auf wirklich nutzbringende Weise einsetzen können.

14. Juli

Aus der dynamischen Vereinigung von Weisheit und Mitgefühl heraus der Welt zu dienen bedeutet, höchst wirkungsvoll an der Bewahrung des Planeten Erde mitzuarbeiten. Meister aller religiösen Traditionen wissen, dass spirituelles Training wesentlich ist, und zwar nicht nur für Mönche und Nonnen, sondern für alle Menschen, gleich welchen Glaubens oder welcher Lebensart. Die Natur spiritueller Entwicklung ist äußerst praktisch, aktiv und wirkungsbezogen. Die Gefahr, der wir allesamt ausgesetzt sind, macht es unabdingbar, dass wir spirituelle Entwicklung nicht länger als Luxus betrachten, sondern als unerlässlich für unser aller Überleben erkennen.

Wie es in einer berühmten tibetischen Belehrung heißt: »Wenn die Welt voller Übel ist, dann muss alles Missgeschick in den Pfad zur Erleuchtung verwandelt werden.«

15. Juli

Die Basis, auf der die Buddhisten das Konzept der Wiedergeburt akzeptieren, ist in erster Linie die Kontinuität des Bewusstseins... Wenn wir versuchen, unseren gegenwärtigen Geist oder unser Bewusstsein zu seinem Ursprung zurückzuverfolgen, entdecken wir, dass wir den Ursprung der Kontinuität des Geistes bis in eine Dimension der Grenzenlosigkeit zurückverfolgen können, die anfangslos ist.
Es muss daher eine Aufeinanderfolge von Wiedergeburten geben, die diese Kontinuität des Geistes zulässt.

DALAI LAMA

16. Juli

Zwei Persönlichkeiten haben Ihr ganzes Leben lang in Ihnen gelebt. Die eine ist das Ego: schwatzhaft, fordernd, hysterisch und berechnend; die andere ist das verborgene, spirituelle Wesen, dessen leiser Stimme der Weisheit Sie nur selten gefolgt sind. Je mehr Sie aber den Lehren zuhören, über sie kontemplieren und sie in Ihr Leben integrieren, desto nachhaltiger wird die innere Stimme, die eingeborene Weisheit Ihres wachen Urteilsvermögens – die wir im Buddhismus »Unterscheidende Weisheit« nennen – geweckt und gestärkt, und Sie lernen, zwischen ihrer Führung und den verschiedenen lautstarken und verführerischen Stimmen des Ego zu unterscheiden. Die Erinnerung an Ihre wahre Natur beginnt zurückzukehren und Freude und Vertrauen in Ihnen zu wecken.
Damit haben Sie tatsächlich den weisen Führer in sich selbst entdeckt, und wenn dann diese Stimme Ihres unterscheidenden Gewahrseins stärker und klarer wird, werden Sie mehr und mehr zwischen ihrer Wahrheit und den verschiedenen Täuschungen des Ich zu unterscheiden beginnen und lernen, mit Einsicht und Vertrauen auf sie zu hören.

17. Juli

Die Wurzel aller Phänomene ist dein eigener Geist.
Untersuchst du ihn nicht, jagt er – genial im Spiel
der Täuschung – den Eindrücken hinterher.
Blickst du jedoch direkt in ihn hinein, ist er
bodenlos und ohne Ursprung,
Seiner Essenz nach ohne Kommen, Bleiben und
Gehen.

JAMYANG KHYENTSE CHÖKYI LODRÖ

18. Juli

Wissen wir nicht alle nur zu gut, dass man sich vor Leid nicht schützen kann und dass wir, wenn wir versuchen, uns davor abzuschirmen, nur noch mehr leiden und außerdem nicht lernen können, was der Schmerz uns zu lehren hat? Rilke hat das folgende poetische Bild für die reifende Kraft des Leids gefunden:

»Unter den Tauben, die allergeschonteste, niemals gefährdete, kennt nicht die Zärtlichkeit; wiedererholtes Herz ist das bewohnteste: freier durch Widerruf freut sich die Fähigkeit.«

19. Juli

Alles, was wir tun müssen, um direkte Hilfe zu erhalten, ist bitten. Hat nicht auch Christus gesagt: »Bittet, und es wird euch gegeben; suchet, so werdet ihr finden; klopfet an, und es wird euch aufgetan. Wer bittet, wird empfangen, und wer sucht, der findet.« Und doch fällt uns gerade das Bitten so schwer. Viele von uns, glaube ich, wissen kaum mehr, wie man bittet – weil wir arrogant sind, weil wir nicht bereit sind, nach Hilfe Ausschau zu halten, weil wir zu träge sind oder weil unser Geist so mit Fragen, Ablenkungen und Umwegen beschäftigt ist, dass es uns nicht einmal in den Sinn kommt, einfach nur zu bitten.

Die positive Wende im Heilungsprozess eines jeden Alkoholikers oder Drogensüchtigen kommt dann, wenn er sich die Krankheit eingesteht und um Hilfe bittet. Auf die eine oder andere Weise sind wir alle süchtig nach Samsara; doch wird uns Hilfe zuteil, sobald wir nur unsere Abhängigkeit eingestehen und einfach um Hilfe bitten.

20. Juli

Stellen Sie sich vor, Sie hätten sich Ihr Leben lang niemals gewaschen. Und dann, eines Tages, entschließen Sie sich zu duschen. Plötzlich sehen Sie mit wachsendem Entsetzen den Schmutz, der aus jeder Pore zu quellen scheint und Ihren Körper hinabfließt. Irgendetwas muss da schief laufen. Sie sollten doch eigentlich sauber werden, aber alles, was da sichtbar wird, ist Dreck. Sie geraten in Panik und stellen die Dusche ab, völlig überzeugt, dass Sie damit besser niemals angefangen hätten. Sie wissen nicht einmal, dass Sie nur geduldig hätten weiterduschen müssen. Es mag zunächst wirklich so aussehen, als würde man immer dreckiger, aber wenn man einfach weiterwäscht, geht man von Grund auf gereinigt aus dieser Prozedur hervor.

Wann immer also Zweifel auftauchen, betrachten Sie sie einfach als Hindernis, sehen Sie in ihnen das Verständnis, das danach ruft, geklärt und entkrampft zu werden. Seien Sie sich bewusst, dass Sie es nicht mit einem grundsätzlichen Problem zu tun haben, sondern dass dies einfach eine Stufe im Prozess der Reinigung und des Lernens ist. Lassen Sie den Prozess weiterlaufen und zum Abschluss kommen, und verlieren Sie niemals Ihr Vertrauen und Ihre Entschlossenheit. Das ist der Weg, den alle großen Übenden der Vergangenheit gegangen sind. Ihr Wahlspruch hieß: »Man kann keine bessere Rüstung finden als Beharrlichkeit und Ausdauer.«

21. Juli

Wenn es Ihnen gelingt, im Augenblick des Todes Ihr Bewusstsein vertrauensvoll mit dem Weisheitsgeist des Meisters zu vereinen und in diesem Frieden zu sterben, dann – das kann ich Ihnen versichern – wird alles gut.

Unsere Aufgabe im Leben ist es also, dieses Verschmelzen mit dem Weisheitsgeist des Meisters wieder und wieder zu üben, bis es so selbstverständlich wird, dass jede Handlung – sitzen, gehen, essen, trinken, schlafen, träumen und wachen – zunehmend von der lebendigen Präsenz des Meisters durchdrungen ist. Langsam – nach Jahren gesammelter Hingabe – beginnen Sie, alle Wahrnehmungen als Erscheinungen der Weisheit des Meisters zu erkennen. Alle Lebenssituationen, selbst die, die einst tragisch, sinnlos oder erschreckend schienen, enthüllen sich Ihnen immer offensichtlicher als direkte Belehrung und Segen des äußeren Meisters und Ihres eigenen inneren Lehrers.

22. Juli

Es gibt viele Möglichkeiten, den Zugang zur Meditation so freudvoll wie nur möglich zu gestalten. Sie finden vielleicht ein Musikstück, das Sie berührt und das Sie nutzen können, um Ihr Herz und Ihren Geist zu öffnen. Sie können Gedichte sammeln oder Zitate aus den Lehren, die Sie über die Jahre inspiriert haben, und sie immer wieder zur Hand nehmen, um Ihren Geist zu erheben.

Ich zum Beispiel liebe die tibetischen Thankas und habe stets Kraft aus der Schönheit dieser Malerei geschöpft. Auch Sie können Bilder finden, die ein erhebendes Gefühl in Ihnen hervorrufen, und Ihr Zimmer damit schmücken. Hören Sie eine Kassette mit der Belehrung eines großen Meisters oder einen spirituellen Gesang. Schon mit nur einer Blume, einem Räucherstäbchen, einer Kerze, dem Foto eines erleuchteten Meisters, der Statue einer Gottheit oder eines Buddha können Sie aus dem Ort, an dem Sie meditieren, ein kleines Paradies machen. Sie können das gewöhnlichste Zimmer in ein ganz persönliches Heiligtum verwandeln, in eine Umgebung, in der Sie Tag für Tag Ihrem wahren Selbst begegnen, mit all der Freude und fröhlichen Festlichkeit eines Wiedersehens alter Freunde.

23. Juli

Aus dem blühenden Lotos der Hingabe inmitten
  meines Herzens,
Erhebe dich, o Meister voller Mitgefühl, meine
  einzige Zuflucht!
Vergangene Taten und stürmische Gefühle
  verfolgen und plagen mich:
Um mir in meinem Unglück beizustehen,
Verweile als Juwelenschmuck auf dem Scheitel meines
  Hauptes, dem Mandala großer Glückseligkeit,
Und erwecke meine ganze Achtsamkeit und
  Bewusstheit, darum bitte ich!

JIKME LINGPA

24. Juli

Die Meister sagen uns, dass es einen Aspekt unseres gewöhnlichen Geistes gibt, der seine fundamentale Basis darstellt, den so genannten »Grund des gewöhnlichen Geistes«. Er fungiert als eine Art Lagerhaus, in dem die Eindrücke unserer – durch Emotionen verursachten – vergangenen Handlungen wie Samen aufbewahrt werden. Ergeben sich passende Bedingungen, keimen sie und manifestieren sich schließlich als bestimmte Umstände und Situationen in unserem Leben.

Wir haben die Neigung, in festgelegten Mustern zu denken – seien es positive oder negative. Diese Tendenz kann sehr leicht provoziert werden, und schon läuft wieder alles nach dem bewährten Schema ab. Durch dauernde Wiederholung werden diese Neigungen und Gewohnheiten immer eingefahrener, wiederholen sich öfter, werden schwer wiegender und gewinnen immer mehr Macht; sie wirken sogar noch im Schlaf. Auf diese Weise bestimmen sie schließlich unser Leben, unseren Tod und unsere Wiedergeburt.

25. Juli

Wenn die Weisheit von Rigpa erstrahlt, entspringt daraus ein wachsendes Gefühl gewaltiger, unerschütterlicher Gewissheit und Überzeugung. Sie wissen: »Das ist es, es gibt nichts anderes zu suchen oder zu erhoffen.« Diese Gewissheit der Sicht muss durch wiederholte Einblicke in die Natur des Geistes vertieft und durch ständige disziplinierte Meditation gefestigt werden.

26. Juli

Dzogchen-Meditation versteht auf subtile, doch äußerst kraftvolle Weise, mit allem, was im Geist entsteht, umzugehen, und sieht es aus einem einzigartigen Blickwinkel. Alles wird in seiner wahren Natur erkannt, ungetrennt von Rigpa und nicht im Widerspruch dazu, sondern – und das ist äußerst wichtig – tatsächlich als seine »Eigen-Strahlung«, die Manifestation seiner eigenen Energie.

27. Juli

Wer ist der äußere Lehrer? Nichts anderes als die Verkörperung, die Stimme und der Stellvertreter unseres inneren Lehrers. Der Meister, dessen Weisheit, menschliche Erscheinung und Stimme wir mehr zu lieben lernen als alles andere in unserem Leben, ist nichts anderes als die äußere Manifestation des Geheimnisses unserer eigenen inneren Wahrheit. Wie wäre es auch sonst zu erklären, dass wir uns so eng mit ihm oder ihr verbunden fühlen?

28. Juli

Obwohl verschiedene Formen wahrgenommen werden, sind sie ihrem Wesen nach leer; in der Leerheit nimmt man jedoch Formen wahr.
Obwohl verschiedene Klänge gehört werden, sind sie ihrem Wesen nach leer; in der Leerheit werden jedoch Klänge gehört.
Auch die verschiedenen Gedanken, die entstehen, sind leer, jedoch werden in der Leerheit Gedanken wahrgenommen.

DUDJOM RINPOCHE

29. Juli

Für die Tibeter ist Neujahr das wichtigste Fest des Jahres. Sie feiern es wie Weihnachten, Ostern, Erntedank und Geburtstag in einem. Patrul Rinpoche war ein großer Meister, der seine eigenen, recht ausgefallenen Methoden hatte, die Lehren zum Leben zu erwecken. Statt wie alle anderen fröhlich zu feiern und den Leuten ein »gutes neues Jahr« zu wünschen, pflegte Patrul Rinpoche an diesem Tag zu weinen. Wenn er gefragt wurde, warum, antwortete er, dass nun ein weiteres Jahr verstrichen sei, das so viele Menschen ihrem Tod näher gebracht habe, die immer noch nicht auf ihn vorbereitet seien.

30. Juli

Wenn wir zum Zeitpunkt des Todes bereits eine stabile Erkenntnis der Natur unseres Geistes haben, können wir uns in einem Augenblick von allem Karma reinigen und lösen. Und wenn wir diese Erkenntnis aufrechterhalten, ist es wirklich möglich, unser gesamtes Karma zum Abschluss zu bringen, indem wir in die offene Weite ursprünglicher Reinheit der Natur des Geistes eingehen und Befreiung erlangen. Padmasambhava hat es so formuliert: Diese Möglichkeit, einfach durch die Erkenntnis der Natur des Geistes Stabilität zu erlangen, gleicht einer Fackel, die ja in einem Augenblick die Dunkelheit von Äonen vertreiben kann. *Wenn wir also die Natur des Geistes in den Bardos auf die gleiche Weise erkennen wie zu dem Zeitpunkt, da der Meister sie uns dargelegt hat, werden wir ohne jeden Zweifel Erleuchtung erlangen. Deshalb müssen wir uns von jetzt an mit der Natur des Geistes durch Praxis vertraut machen.*

31. Juli

Wenn Sie meditieren, ist es wichtig, das Richtige innere Klima zu schaffen. Alle Mühe und aller Kampf rühren von fehlender Offenheit her, und deshalb ist es für das Gelingen Ihrer Meditation von entscheidender Bedeutung, sich richtig einzustimmen. In einer geistigen Atmosphäre von Humor, Offenheit und Gelassenheit gelingt Meditation ganz mühelos.

༈ རྗེ་བཙུན་འཕགས་མ་སྒྲོལ་མ་ཁྱེད་མཁྱེན་ནོ། །

འཇིགས་དང་སྡུག་བསྔལ་ཀུན་ལས་སྐྱབ་ཏུ་གསོལ།

JETSÜN PAKMA DROLMA KHYE KHYEN NO
JIK DANG DUKNGEL KUN LE KYAB TU SOL
Eine Bitte an Tara, die weibliche Verkörperung
erleuchteten Mitgefühls

1. August

Eine der bedeutendsten Offenbarungen der Nah-Todeserfahrungen ist die Tatsache, dass jene, die solche Erlebnisse hatten, ihre Einstellung zum Leben grundlegend geändert haben. Ein Mann berichtete:
»Ich habe mich von jemandem, der umherirrte und im Leben nur auf materiellen Reichtum aus war, verwandelt in einen Menschen, der eine tiefe Motivation, einen Sinn im Leben, eine eindeutige Richtung und die übermächtige Gewissheit gefunden hat, dass am Ende des Lebens etwas Positives mich erwartet. An die Stelle meiner Gier nach Geld und Besitz sind ein Durst nach spirituellem Verständnis getreten und ein leidenschaftlicher Drang, mich einzusetzen für eine bessere Welt.«

2. August

Es ist eine traurige Tatsache, dass die meisten von uns ihr Leben erst dann zu schätzen beginnen, wenn es ans Sterben geht. Ich muss in diesem Zusammenhang häufig an die Worte des großen buddhistischen Meisters Padmasambhava denken: »Die, die glauben, sie hätten noch eine Menge Zeit, bereiten sich erst vor, wenn der Tod naht. Dann werden sie plötzlich von Reue überwältigt. Aber ist das nicht viel zu spät?«

3. August

Wenn die Sonne der Hingabe auf den Schneegipfel des Meisters scheint, ergießt sich der Strom seines Segens.

DER TIBETISCHE HEILIGE DRIKUNG KYOBPA

4. August

Die heutige Welt birgt, all ihren Gefahren zum Trotz, auch höchst interessante Aspekte. Das moderne Bewusstsein öffnet sich langsam verschiedenen Dimensionen der Wirklichkeit. Man kann große Lehrer wie den Dalai Lama oder Mutter Teresa im Fernsehen erleben. Viele Meister aus dem Osten lehren jetzt regelmäßig im Westen, und Bücher aus allen mystischen Traditionen gewinnen eine wachsende Leserschaft. Die verzweifelte Lage auf unserem Planeten macht den Menschen zunehmend klar, wie notwendig eine Transformation auf globaler Ebene ist.

Erleuchtung ist zweifellos real, und noch gibt es erleuchtete Meister auf dieser Welt. Wenn wir einem von ihnen tatsächlich begegnen, werden wir bis in die Tiefen unseres Herzens erschüttert und bewegt. Dann erkennen wir, dass Worte wie »Erleuchtung« und »Weisheit«, die wir bis dahin für bloße Ideen gehalten haben, wirkliche Zustände beschreiben.

5. August

Andere einfach als gleichberechtigt anzuerkennen wird Ihnen helfen, Ihre Beziehungen offener werden zu lassen und ihnen einen neuen, tieferen Sinn zu geben. Stellen Sie sich vor, Klassen und Nationen fingen an, sich auf diese Art und Weise wahrzunehmen, dann hätten wir zumindest eine solide Grundlage für den Weltfrieden und die glückliche Koexistenz aller Völker.

6. August

In der Meditation kannst du einen trüben, halb bewussten, abgehobenen Zustand erleben, eine verträumte Dumpfheit, als hättest du einen Sack über dem Kopf. Dies ist nichts anderes als eine Art vernebelter, geistloser Stagnation. Wie kommst du aus diesem Zustand wieder heraus? Mach dich wach, strecke deinen Rücken, lass die abgestandene Luft aus deinen Lungen entweichen und richte dein Gewahrsein in den klaren Raum, um deinen Geist zu erfrischen.

Würdest du in diesem Zustand der Stagnation verharren, könntest du dich nicht weiterentwickeln. Wann immer dieser Rückschlag also auftritt, bereinige ihn wieder und wieder. Es ist wichtig, so aufmerksam und wachsam zu sein wie nur irgend möglich.

DUDJOM RINPOCHE

7. August

Der Augenblick des Todes ist eine grandiose Chance, wenn wir wirklich verstehen, was passiert, und uns im Leben gut darauf vorbereitet haben. Denn im Augenblick des Todes stirbt der denkende Ich-Geist in die Essenz hinein, und in dieser Wahrheit findet Erleuchtung statt. Es ist daher von wesentlicher Bedeutung, uns mit dieser Natur vertraut zu machen, solange wir noch leben. Nur dann werden wir vorbereitet sein, wenn sie sich spontan und machtvoll im Moment des Todes enthüllt, und fähig, sie wieder zu erkennen, »so natürlich, wie ein Kind in die Arme seiner Mutter läuft« – um, in diesem Zustand verharrend, endlich befreit zu sein.

8. August

Die Zahl der fühlenden Wesen ist so grenzenlos
　wie der weite Raum:
Mögen sie alle mühelos die Natur ihres Geistes
　erkennen;
Und mögen sämtliche Wesen aller sechs Daseins-
　bereiche, von denen ein jedes in diesem oder
　jenem Leben mir Vater oder Mutter war,
Gemeinsam den Grund ursprünglicher Vollkommen-
　heit erreichen.

9. August

Was die meisten von uns brauchen, ist der Mut und die Bescheidenheit, wirklich von ganzem Herzen zu bitten: um Hilfe und um das Mitgefühl der erleuchteten Wesen, um Reinigung und Heilung, um die Kraft, den Sinn unseres Leidens zu verstehen und es transformieren zu können.

Auf einer *relativen* Ebene müssen wir um mehr Klarheit, Frieden und Unterscheidungsvermögen in unserem Leben bitten und darüber hinaus um die Verwirklichung der *absoluten* Natur des Geistes, die aus dem Einswerden mit dem unsterblichen Weisheitsgeist des Meisters hervorgeht.

10. August

Unser ganzes Dasein ist flüchtig wie Wolken im
 Herbst;
Geburt und Tod der Wesen erscheinen wie
 Bewegungen im Tanze.
Ein Leben gleicht dem Blitz am Himmel,
Es rauscht vorbei wie ein Sturzbach den Berg hinab.

BUDDHA

11. August

Wir müssen mit den Veränderungen im Leben arbeiten: Das ist der einzige Weg, sich wirklich auf den Tod vorzubereiten. Das Leben mag voller Schmerz, Leid und Schwierigkeiten sein, doch all dies sind Gelegenheiten, ein emotionales Akzeptieren des Todes zu entwickeln. Halten wir die Dinge für dauerhaft, schließen wir die Möglichkeit aus, durch Veränderungen zu lernen.

12. August

Mein Meister hatte einen vornehmen indischen Diplomaten und Schriftsteller namens Apa Pant zum Schüler. Er war indischer Botschafter in verschiedenen Hauptstädten der Welt und Repräsentant der indischen Regierung in der tibetischen Hauptstadt Lhasa sowie in Sikkim gewesen. Dieser Mann übte Meditation und Yoga und jedes Mal, wenn er meinem Meister begegnete, fragte er: »Wie soll ich meditieren?« Er folgte damit einer asiatischen Tradition, laut der der Schüler seinem Meister eine einfache, aber grundlegende Frage immer wieder stellt.

Eines Tages schaute unser Meister Jamyang Khyentse sich »Lama-Tänze« vor dem Tempel des Königspalastes in Gangtok, der Hauptstadt Sikkims, an und amüsierte sich gerade über die Späße des Atsara, eines Clowns, der zwischen den Tänzen für Erheiterung sorgt. Doch Apa Pant gab keine Ruhe und fragte wieder und wieder, wie er meditieren solle. Schließlich antwortete mein Meister, in einem Ton, der Apa Pant spüren ließ, dass er es ihm nun ein für alle Mal klar machen werde: »Schau, es ist so: Wenn ein vergangener Gedanke aufgehört hat und ein zukünftiger Gedanke noch nicht entstanden ist, gibt es da nicht eine Lücke?«

»Ja«, sagte Apa Pant.

»Nun gut, verlängere sie! Das ist Meditation.«

13. August

Der edelste Beitrag meiner Tradition zur spirituellen Weisheit der Menschen ist das Verständnis und die tatkräftige Umsetzung des Bodhisattva-Ideals. Bodhisattvas nehmen das Leid aller fühlenden Wesen auf sich und unternehmen die beschwerliche Reise zur Erleuchtung nicht allein für ihr eigenes Wohl, sondern um allen anderen Wesen zu helfen. Nachdem sie Befreiung erlangt haben, fliehen sie nicht vor den Schrecknissen von Samsara oder lösen sich im Absoluten auf, sondern erscheinen freiwillig wieder und wieder, um ihre Weisheit und ihr Mitgefühl in den Dienst der ganzen Welt zu stellen.

14. August

Eine der größten Meisterinnen Tibets, Ma Chik Lap Drön, sagte: »Auf wache Weise wach; auf entspannte Weise entspannt. Das ist der entscheidende Punkt bei der Sicht in der Meditation.« Erwecken Sie Ihre Wachheit, seien Sie aber gleichzeitig entspannt – so entspannt, dass Sie nicht einmal mehr an einer Vorstellung von Entspannung festhalten.

15. August

Die aufeinander folgenden Existenzen oder Wiedergeburten werden nicht wie die Perlen eines Halsbands von einer Schnur – der »Seele« – zusammengehalten, die alle Perlen durchzieht; eher kann man sie mit Würfeln vergleichen, die aufeinander gestapelt sind. Jeder Würfel ist eigenständig, stützt aber den auf ihm liegenden, mit dem er also funktional verbunden ist. Zwischen den Würfeln besteht keine Identität, sondern Bedingtheit.

H. W. SCHUMANN

16. August

Je öfter Sie auf Ihre innere »Weisheit der Unterscheidungsfähigkeit« hören, desto leichter werden Sie Einfluss auf Ihre negativen Launen gewinnen; Sie durchschauen sie und können sogar über ihre absurde Dramatik und ihre plumpen Täuschungsmanöver lachen.

Allmählich werden Sie fähig, sich immer rascher von den dunklen Emotionen zu befreien, die Ihr Leben bestimmt haben; und diese Fähigkeit ist das Größte aller Wunder.

Der tibetische Mystiker Tertön Sogyal pflegte zu sagen, dass ihn jemand, der den Fußboden zur Zimmerdecke machen oder Feuer in Wasser verwandeln kann, nicht sonderlich beeindrucke. Ein wirkliches Wunder sei es jedoch, wenn jemand auch nur ein einziges negatives Gefühl auflösen könne.

17. August

Trauer kann uns zwingen, unser Leben sehr direkt anzuschauen, sie kann uns drängen, einen Sinn darin zu finden, worum wir uns vorher vielleicht nie gekümmert haben. Wenn Sie nach dem Tod eines geliebten Menschen plötzlich allein sind, kann sich das anfühlen, als würde Ihnen ein neues Leben angeboten, als würde man Sie fragen: »Warum willst du weiterleben, und was willst du mit diesem Leben anfangen?«

Es ist mein von Herzen kommender Rat für alle, die nach dem Verlust eines geliebten Menschen in Trauer und Verzweiflung zu versinken drohen, um Hilfe, Kraft und Gnade zu beten. Beten Sie, dass Sie zu einem neuen Leben finden mögen, in dem Sie den kostbarsten und tiefstmöglichen Sinn entdecken. Seien Sie verletzlich und empfindsam, seien Sie mutig und geduldig. Schauen Sie vor allem in Ihr Leben, und finden Sie Wege, von nun an Ihre Liebe stärker mit anderen zu teilen.

18. August

Für die Zukunft zu planen, gleicht dem Fischen in
   einem trockenen Loch;
Nie läuft etwas, wie du es dir wünschst,
Gib also all dein ehrgeiziges Planen auf.
Wenn du unbedingt an etwas denken musst –
Dann denk an die Ungewissheit deiner Todesstunde.

GYALSE RINPOCHE

19. August

Wieder und wieder müssen wir das subtile Vorgehen der Lehren und der Praxis würdigen und – selbst wenn keine außergewöhnliche, dramatische Veränderung in uns stattzufinden scheint – mit Ruhe und Ausdauer bei der Sache bleiben.

Das Wichtigste ist, geschickt und sanft mit uns selber umgehen zu lernen, ohne den Mut zu verlieren oder gar aufzugeben, sondern dem spirituellen Pfad zu vertrauen, wohl wissend, dass er seine eigenen Gesetzmäßigkeiten und seine eigene Dynamik hat.

20. August

Wir brauchen Mitgefühl zwar in jedem Augenblick unseres Lebens, aber wann wäre es wohl notwendiger, als zum Zeitpunkt unseres Todes? Können Sie einem sterbenden Menschen ein schöneres und trostreicheres Geschenk machen, als ihn wissen zu lassen, dass Sie für ihn beten und in Ihrer Übung sein Leiden annehmen und sein negatives Karma reinigen?

Aber selbst wenn der Sterbende gar nicht weiß, dass Sie für ihn beten, helfen Sie ihm – und er hilft Ihnen. Er hilft Ihnen, Ihr Mitgefühl zu entwickeln und so sich selbst zu reinigen und zu heilen. Für mich ist jeder Sterbende ein Lehrer, der jedem, der ihm hilft, Gelegenheit gibt, sich selbst durch die Entwicklung von Mitgefühl zu transformieren.

21. August

Wenn Sie meditieren, lassen Sie Ihren Mund leicht geöffnet, als würden Sie gerade ein tiefes, entspannendes »Aaaah« sagen. Wenn man auf diese Weise hauptsächlich durch den Mund atmet, werden die karmischen Winde, die diskursive Gedanken und Hindernisse während der Meditation in Ihrem Geist erzeugen können, angeblich weniger leicht entstehen.

22. August

Wir dürfen keinesfalls den Fehler machen, anzunehmen, dass die Natur des Geistes sich ausschließlich auf unseren Geist beschränkt. Tatsächlich ist sie die Natur von allem. Es kann nicht oft genug betont werden, dass die Natur des eigenen Geistes zu erkennen bedeutet, die Natur von allem zu erkennen.

23. August

Wenn Sie in Ihrer Stadtwohnung nicht gut meditieren können, seien Sie erfinderisch, und gehen Sie hinaus in die Natur. Die Natur ist immer eine unfehlbare Quelle der Inspiration.

Gehen Sie – um Ihren Geist zu beruhigen – zur Dämmerung im Park spazieren. Oder betrachten Sie den Tau auf einer Rose im Garten. Legen Sie sich auf die Erde, schauen Sie in den Himmel, und lassen Sie Ihren Geist sich in seine Weite hinein öffnen. Lassen Sie den äußeren Himmel einen Himmel in Ihnen wecken. Rasten Sie an einem Fluss, und mischen Sie Ihren Geist mit seiner Strömung, werden Sie eins mit seinem unaufhörlichen Klang. Setzen Sie sich an einen Wasserfall und lassen Sie sein heilsames Rauschen Ihren Geist erfrischen. Gehen Sie am Strand spazieren und spüren Sie die salzige Brise im Gesicht. Erfreuen Sie sich an der Schönheit des Mondlichts und lassen Sie sich von ihm besänftigen. Ruhen Sie an einem See oder in einem Garten, atmen Sie gleichmäßig, und lassen Sie den Geist still werden mit dem langsamen, majestätischen Aufgehen des Mondes in einer wolkenlosen Nacht.

24. August

Wenn der Körper stirbt, lösen sich die Sinne und die subtilen Elemente auf, gefolgt vom Absterben der gewöhnlichen Ebene unseres Geistes samt all seinen negativen Emotionen wie Hass, Gier und Unwissenheit. Wenn schließlich alles abgefallen ist, was den erleuchteten Geist im Leben verdunkelt hat, bleibt nichts mehr, was unsere wahre Natur noch verdecken könnte. Was dann letztlich offenbar wird, ist der ursprüngliche Grund unserer absoluten Natur: einem reinen und wolkenlosen Himmel vergleichbar.

Dieses Stadium wird »Aufscheinen der Grund-Lichtheit« oder »Klares Licht« genannt: Das Bewusstsein selbst geht im allumfassenden Raum der Wahrheit auf. Das *Tibetische Buch der Toten* sagt über diesen Moment:

> Das Wesen von allem ist offen, leer und rein wie der Himmel.
> Lichte und klare Leerheit, ohne Zentrum und ohne Umgebung: Morgendämmerung des reinen, nackten Rigpa.

25. August

Die Lehren über die Bardos kommen aus dem Weisheitsgeist der Buddhas, die Leben und Tod so klar sehen, als lägen sie auf ihrer Handfläche.

Auch wir sind Buddhas. Wenn wir also im Bardo dieses Lebens üben und tiefer und immer tiefer in die Natur unseres Geistes eintauchen, dann können auch wir die Kenntnis der Bardos erlangen und die Wahrheit dieser Lehren wird sich von selbst in uns entfalten. Darum ist der Bardo dieses Lebens von so entscheidender Bedeutung. Hier und jetzt nämlich findet alle Vorbereitung auf die Bardos statt. »Der unübertroffene Weg der Vorbereitung«, so heißt es, »besteht darin, jetzt, in diesem Leben Erleuchtung zu erlangen.«

26. August

Wenn ich meditiere, benutze ich manchmal gar keine spezielle Methode. Ich erlaube einfach meinem Geist zu ruhen, und besonders wenn ich inspiriert bin, gelingt es mir recht schnell, ihn heimzubringen und zu entspannen. Ich sitze still und ruhe in der Natur des Geistes; ich zweifle oder frage nicht, ob ich nun im »richtigen« Geisteszustand bin. Da gibt es keinerlei Anstrengung, sondern nur tiefes Verstehen, Wachheit und unerschütterliche Gewissheit.

Wenn ich in der Natur des Geistes ruhe, ist der gewöhnliche Geist nicht länger vorhanden. Es ist nicht mehr nötig, ein Gefühl des Seins aufrechtzuerhalten oder zu bestätigen – *ich bin einfach*. Ein Urvertrauen ist da, und es gibt nichts Besonderes zu tun.

27. August

> Wenn die Sicht konstant ist,
> Das Fließen von Rigpa unfehlbar
> Und das Verschmelzen der beiden Lichtheiten
>   beständig und unmittelbar,
> Dann ist jede nur mögliche Verblendung von der
>   Wurzel her befreit
> Und die gesamte Wahrnehmung entsteht ohne
>   Unterlass als Rigpa.

Ein Begriff wie »Meditation« ist für die Dzogchen-Praxis eigentlich nicht wirklich angemessen, bedeutet er doch letztlich, »über« etwas zu meditieren, während im Dzogchen alles einzig und allein Rigpa ist. Es gibt hier also keine Meditation außer dem einfachen Verweilen in der reinen Präsenz von Rigpa. Der einzige Begriff, der dies möglicherweise beschreiben könnte, wäre »Nicht-Meditation«. Selbst wenn Sie nach Verblendung suchen sollten, so sagen die Meister, in diesem Zustand ist keine mehr zu finden. Auf einer Insel aus Gold und Juwelen gibt es eben keine gewöhnlichen Kiesel.

28. August

Wenn der Elefant des Geistes mit dem Seil der
  Achtsamkeit rundum gebunden ist,
Verschwindet alle Furcht und vollständiges
  Glück entsteht.
Alle Feinde: all die Tiger, Löwen, Elefanten,
  Bären und Schlangen (unserer Emotionen)
Und alle Wächter der Höllen, die Dämonen und
  Schrecknisse,
Sind gebunden durch die Meisterschaft deines
  Geistes;
Indem nur dieser eine Geist gezähmt wird, sind
  sie alle unterworfen.
Denn aus dem Geist entstehen alle Ängste und
  unendlich viele Sorgen.

SHANTIDEVA

29. August

Gewähre Deinen Segen, damit mein Geist eins wird mit dem Dharma.
Gewähre Deinen Segen, damit ich auf dem Weg des Dharma Fortschritte mache.
Gewähre Deinen Segen, damit der Pfad meine Verwirrung klärt.
Gewähre Deinen Segen, damit Verwirrung als Weisheit dämmert.

GAMPOPA

30. August

Jedes Mal wenn uns die Verluste und Täuschungen des Lebens Vergänglichkeit lehren, bringen sie uns der Wahrheit ein Stück näher. Auch wenn Sie aus großer Höhe fallen, gibt es nur einen möglichen Landeplatz: den Boden, den Boden der Wahrheit. Und wenn Ihre Übung Ihnen ein gewisses Verständnis gebracht hat, dann ist das Fallen keine Katastrophe mehr, sondern es lässt Sie Ihre innere Zuflucht entdecken.

31. August

Machen Sie nur den Fernseher an, oder schauen Sie in eine Zeitung: Überall begegnen Sie dem Tod. Haben die Opfer dieser Flugzeugabstürze oder Autounfälle mit ihrem Tod gerechnet? Sie haben das Leben für genauso selbstverständlich gehalten wie wir. Wie oft hören wir, dass ein Bekannter oder ein Freund unerwartet gestorben ist! Wir müssen nicht einmal krank werden, um zu sterben: Unser Körper kann plötzlich aufhören zu funktionieren, kaputtgehen wie unser Auto. Es kann uns heute noch ganz gut gehen, und schon morgen werden wir plötzlich krank und sterben.

SEM MA YENG CHIK
Sei nicht abgelenkt

1. September

Häufig kommen Menschen zu mir, die gerade angefangen haben zu meditieren, und sagen, dass ihre Gedanken regelrecht verrückt spielten und wilder seien als jemals zuvor. Ich beruhige sie dann und erkläre ihnen, dass dies ein gutes Zeichen sei. Es bedeute nämlich überhaupt nicht, dass ihre Gedanken wilder geworden seien, sondern nur, dass sie selber ruhiger geworden sind, und dass ihnen endlich bewusst wird, wie lärmend ihre Gedanken schon immer waren.
Lassen Sie sich nicht entmutigen, geben Sie nicht auf! Was immer auch erscheint, bleiben Sie einfach präsent, kehren Sie zum Atem zurück – selbst inmitten der heftigsten Verwirrung.

2. September

Am wolkenlosen Himmel ist zur Nacht
Der volle Mond, der »Herr der Sterne«, im Begriffe
    aufzugehen...
Das Antlitz meines mitleidsvollen Herrn,
    Padmasambhava,
Zieht mich hinan und strahlt sein gütiges
    Willkommen.
Meine Freude am Tod ist viel, viel stärker noch
Als das Entzücken der Händler über großen
    Gewinn,
Als die Lust der Götter über den Sieg in der
    Schlacht,
Als das Glück der Weisen in der Ekstase tiefster
    Versenkung.
So wie ein Reisender die Straße wählt, wenn die
    Zeit gekommen ist zu gehen,
So will auch ich nicht mehr in dieser Welt
    verweilen,
Sondern Wohnung nehmen in der Burg des
    großen Glückes der Unsterblichkeit.

DAS TESTAMENT DES LONGCHENPA

3. September

Es gibt nur einen Weg, um Befreiung und die Allwissenheit der Erleuchtung zu erlangen: folge einem authentischen spirituellen Meister. Er hilft dir, den Ozean von Samsara zu überqueren. Sonne und Mond werden im klaren, stillen Wasser jederzeit unmittelbar gespiegelt. Genauso ist die Inspiration der Buddhas für alle Lebewesen mit rückhaltlosem Vertrauen jederzeit verfügbar. Die Strahlen der Sonne sind überall gleich stark, doch nur wenn sie in einem Brennglas gebündelt werden, können sie trockenes Gras entzünden. Wenn die alles durchdringenden Strahlen des Mitgefühls der Buddhas im Brennglas deiner Hingabe und deines Vertrauens gebündelt werden, lodert die Flamme der Inspiration in dir auf.

DILGO KHYENTSE RINPOCHE

4. September

Dudjom Rinpoche erzählte oft die Geschichte eines berüchtigten indischen Räubers, der nach vielen erfolgreichen Beutezügen das schreckliche Leid erkannte, das er verursacht hatte. Da er sich nach Wiedergutmachung seiner üblen Taten sehnte, suchte er einen berühmten Meister auf und fragte ihn: »Ich bin ein Verbrecher und leide unter dem, was ich getan habe. Gibt es einen Ausweg für mich?«
Der Meister schaute den Räuber von oben bis unten an und fragte ihn dann, was er denn gut könne.
»Nichts«, antwortete der Bandit.
»Nichts?«, fuhr der Meister ihn an. »Irgendetwas musst du doch können!«
Der Räuber war einen Augenblick still und meinte dann kleinlaut: »Da gäbe es schon etwas: Ich kann sehr gut stehlen!«
Der Meister schmunzelte: »Ausgezeichnet! Das ist genau das, was du jetzt brauchst. Geh an einen abgeschiedenen Ort und raube alle deine Wahrnehmungen, stiehl alle Sterne und Planeten vom Himmel und löse sie im Sack der Leerheit auf, dem allumfassenden Raum der Natur des Geistes.«
Innerhalb von einundzwanzig Tagen hatte der Bandit die Natur seines Geistes erkannt und wurde später zu einem der großen Heiligen Indiens.

5. September

Wenn jemand leidet, und Sie nicht wissen, wie Sie helfen können, dann versetzen Sie sich unerschrocken in seine oder ihre Lage. Stellen Sie sich so lebendig wie möglich vor, wie es Ihnen ginge, wenn Sie dieselben Schmerzen erdulden müssten. Fragen Sie sich: »Wie würde ich mich fühlen? Wie würde ich von meinen Freunden behandelt werden wollen? Was würde ich von ihnen erwarten?«

Wenn Sie sich auf diese Weise an die Stelle des anderen setzen, übertragen Sie Ihre Fürsorge von Ihrem gewöhnlichen Objekt, nämlich Ihrem eigenen Wohlergehen, auf andere Wesen. Sich selbst an die Stelle anderer zu setzen ist also ein sehr wirkungsvoller Weg, die Umklammerung des am Selbst klebenden Ich zu lösen und so das Herz Ihres Mitgefühls zu befreien.

6. September

Welche Meditationsmethode Sie auch anwenden – lassen Sie sie fallen oder sich einfach von selbst auflösen, wenn Sie merken, dass Sie ganz natürlich in einen Zustand wachen, weiten und lebendigen Friedens gelangt sind. Dann verweilen Sie einfach still darin, ohne Ablenkung und ohne noch irgendeine Methode zu Hilfe zu nehmen. Die Methode hat ihren Zweck erfüllt. Wenn Sie jedoch abschweifen oder abgelenkt werden, dann kehren Sie zu der Technik zurück, die sich als wirksam erwiesen hat, Sie immer wieder zu zentrieren.

7. September

Wir fragen uns oft: »Wie wird es mir ergehen, wenn ich sterbe?« Die Antwort lautet: Der Geisteszustand, in dem wir uns jetzt befinden, der Mensch also, der wir jetzt sind, genau der werden wir auch im Augenblick des Todes sein – wenn wir uns nicht ändern. Darum ist es so unerhört wichtig, dieses Leben dazu zu nutzen, unseren Bewusstseinsstrom, das heißt unser grundlegendes Wesen und unseren Charakter zu reinigen – solange es noch möglich ist.

8. September

Erleuchtung ist real, und jeder von uns, wer immer wir auch sein mögen, kann unter geeigneten Umständen und mit dem richtigen Training die Natur des Geistes verwirklichen und so das Unvergängliche und ewig Reine in sich selbst finden. Dieses Versprechen aller mystischen Traditionen der Welt ist für Tausende von Menschen bis zum heutigen Tag in Erfüllung gegangen.

Das Wunderbare an diesem Versprechen ist, dass es nicht exotisch oder fantastisch ist, oder sich nur auf eine Elite bezieht, sondern dass es für die ganze Menschheit gilt, und wenn wir die Natur des Geistes verwirklichen, so sagen die Meister, erweist sie sich als ganz unerwartet gewöhnlich.

Spirituelle Wahrheit ist nichts Kompliziertes oder Esoterisches, sie ist einfach tiefgründiger, gesunder Menschenverstand. Wenn wir die Natur des Geistes erkennen, fallen die Schichten der Verwirrung ab. Wir »werden« nicht zu einem Buddha, sondern hören einfach allmählich auf, verblendet zu sein. Ein Buddha zu sein, bedeutet nicht etwa, sich in eine Art allmächtigen, spirituellen Supermann zu verwandeln, sondern – endlich – ein wahrer Mensch zu sein.

9. September

Wenn Sie ein Mantra rezitieren, bringen Sie Ihr Herz und Ihren Geist in kraftvoller, einsgerichteter Hingabe dar und vermischen Ihren Geist mit Padmasambhava oder Ihrem Meister. Schritt für Schritt nähern Sie sich Padmasambhava, und die Lücke zwischen Ihnen und seinem Weisheitsgeist fängt an, sich zu schließen. Langsam machen Sie die Erfahrung, dass Ihr Geist tatsächlich in den Weisheitsgeist Padmasambhavas und Ihres Meisters transformiert wird: Sie beginnen, deren Untrennbarkeit zu entdecken. So wie Ihr Finger nass wird, wenn Sie ihn ins Wasser tauchen, und brennt, wenn Sie ihn ins Feuer halten, genauso sicher wird sich Ihr Geist in die Weisheitsnatur der Buddhas verwandeln, wenn Sie ihn deren Weisheitsgeist aussetzen. Sie befinden sich allmählich im Zustand von Rigpa, da ja die innerste Natur Ihres Geistes nichts anderes ist als der Weisheitsgeist der Buddhas selbst. Es ist, als würde Ihr gewöhnlicher Geist langsam sterben und sich auflösen, und Ihr reines Gewahrsein, Ihre Buddha-Natur, Ihr innerer Lehrer sich enthüllen. Das ist auch die eigentliche Bedeutung von »Segen«: eine Transformation, die Ihren Geist im Absoluten aufgehen lässt.

10. September

Warum eigentlich haben wir eine derartige Angst vor dem Tod, dass wir uns weigern, uns überhaupt mit ihm zu befassen? Irgendwo tief innen wissen wir, dass wir der Begegnung mit dem Tod nicht ständig ausweichen können. Wir wissen, um mit Milarepa zu sprechen: »Dies Ding, das wir Leichnam nennen und so sehr fürchten, lebt mit uns – hier und jetzt.«

11. September

Sinn und Zweck der Meditation ist es, in uns die himmelsgleiche Natur unseres Geistes zu wecken und uns das zu zeigen, was wir in Wirklichkeit sind: das unveränderliche, reine Gewahrsein, welches Leben und Tod letztlich zu Grunde liegt.

In der Stille und Ruhe der Meditation erhalten wir einen Einblick in diese tiefe, innere Natur, die wir vor ewigen Zeiten durch die Abgelenktheit und hektische Geschäftigkeit unseres Geistes aus den Augen verloren haben – und kehren zu ihr zurück.

12. September

Manchmal merken Menschen erst, wenn der Verlust des Partners droht, wie sehr sie ihn wirklich lieben. Dann klammern sie sich fest an ihn. Aber je fester sie sich an ihn klammern, umso mehr entgleitet er ihnen und umso zerbrechlicher wird die Beziehung.
Wir wollen glücklich sein, aber die Art, wie wir das zu erreichen versuchen, ist häufig so plump und ungeschickt, dass wir uns nur noch mehr Probleme einhandeln. Gewöhnlich glauben wir, zupacken zu müssen, um das zu kriegen, wovon wir uns Glück versprechen. Wie kann man etwas genießen, wenn man es nicht besitzt?, denken wir. Wie oft wird Anhaftung für Liebe gehalten! Selbst in guten Beziehungen wird die Liebe durch Anhaftung, mit all ihrer Unsicherheit, ihrem Besitzdenken und ihrem Stolz, getrübt. Und wenn die Liebe dann zu Ende ist, ist alles, was einem von ihr bleibt – ihr Souvenir sozusagen – die Narben der Anhaftung.

13. September

In Tibet sagt man, dass jede negative Handlung ein Gutes hat: Sie kann gereinigt werden. Es besteht also immer Grund zur Hoffnung. Selbst hart gesottene Kriminelle und Mörder können sich ändern und die Konditionierungen überwinden, die sie zu ihren Verbrechen getrieben haben. Unsere gegenwärtigen Umstände können – wenn wir sie mit Geschick und Weisheit nutzen – zur Inspiration werden und uns so aus den Fesseln des Leidens befreien.

14. September

Wenn Sie die mystischen Traditionen erforscht haben, suchen Sie einen Meister und folgen Sie ihm oder ihr. Sich auf die spirituelle Reise zu begeben ist der erste Schritt, aber die Geduld, das Durchhaltevermögen, die Weisheit, den Mut und die Bescheidenheit zu finden, diese Reise auch zu Ende zu führen, verlangt Ihnen noch sehr viel mehr ab. Vielleicht haben Sie das Karma, einen Lehrer zu finden, danach allerdings müssen Sie das Karma schaffen, ihm auch zu folgen. Nur wenige Menschen verstehen sich nämlich auf die Kunst, einem Meister wahrhaft zu folgen. Wie großartig die Lehren und der Meister auch sein mögen, entscheidend ist, dass Sie die Einsicht und das Geschick entwickeln, sie zu lieben und ihnen aufrichtig zu folgen.

15. September

Unsere Welt braucht nichts dringender als Bodhisattvas, aktive Diener des Friedens: Menschen, die – wie Longchenpa es ausdrückte – »die Rüstung der Geduld tragen«, die der Vision der Bodhisattvas und der Verbreitung der Weisheit in allen Bereichen unserer Erfahrung verpflichtet sind. Wir brauchen Bodhisattva-Rechtsanwälte, Bodhisattva-Künstler und -Politiker, Bodhisattva-Ärzte und -Wirtschaftsexperten, Bodhisattva-Lehrer und -Wissenschaftler, Bodhisattva-Techniker und -Ingenieure usw., die auf jeder Stufe und überall in der Gesellschaft bewusst als Vermittler des Mitgefühls und der Weisheit wirken, die daran arbeiten, ihr Bewusstsein und ihr Handeln sowie Bewusstsein und Handeln anderer zu verwandeln, die in der Gewissheit, von den erleuchteten Wesen unterstützt zu werden, unermüdlich für die Bewahrung unserer Welt und für eine bessere Zukunft arbeiten.

16. September

Wenn Ihr Geist in der Lage ist, von selbst still zu werden, und wenn Sie sich dadurch inspiriert fühlen, einfach in seinem reinen Gewahrsein zu ruhen, dann brauchen Sie keine Meditationsmethode. Es könnte sich sogar als störend erweisen, in einem solchen Zustand eine Methode anwenden zu wollen. Die meisten von uns finden es allerdings schwierig, direkt in diesen Zustand zu gelangen, denn unser Geist ist so aufgewühlt und zerstreut, dass wir einfach ein angemessenes Mittel – eine Methode – brauchen, um uns zu sammeln.

»Angemessen« heißt, dass Sie bei der Arbeit an sich selbst immer wieder folgende Aspekte zusammenbringen: Ihr Verständnis der essenziellen Natur Ihres Geistes, die Vertrautheit mit Ihren eigenen wechselnden Launen und die Einsicht, die Sie durch Ihre Praxis gewonnen haben. Indem Sie diese Dinge zusammenbringen, lernen Sie die Kunst, die jeweils angemessene Methode für eine bestimmte Situation oder ein spezielles Problem anzuwenden und so die Atmosphäre Ihres Geistes zu transformieren.

17. September

Der König Milinda fragte einst den buddhistischen Weisen Nagasena: »Wenn jemand wieder geboren wird, ist er dann derselbe, der gerade gestorben ist, oder ist er ein anderer?«
Nagasena antwortete: »Er ist weder derselbe noch ein anderer... Sage mir, wenn ein Mann eine Lampe anzündet, kann sie dann die ganze Nacht Licht spenden?«
»Ja.«
»Ist dann die Flamme, die während der ersten Nachtwache brennt, dieselbe wie die, die in der zweiten... oder der letzten Nachtwache brennt?«
»Nein.«
»Bedeutet das, dass eine Lampe in der ersten Nachtwache brennt, eine andere in der zweiten und wieder eine andere in der dritten?«
»Nein, durch diese eine Lampe scheint das Licht die ganze Nacht.«
»Mit der Wiedergeburt verhält es sich ganz ähnlich: Ein Phänomen entsteht und ein anderes hört gleichzeitig auf. Daher entspricht der erste Akt des Bewusstseins in der neuen Existenz weder dem letzten Akt des Bewusstseins in der vergangenen Existenz noch ist er ein anderer.«

18. September

Es ist wichtig, sich bewusst zu sein, dass das Prinzip der Ichlosigkeit nicht bedeutet, es würde ein Ego geben, welches die Buddhisten dann beseitigen. Es bedeutet vielmehr, dass von Anfang an niemals ein Ego existiert hat. Diese Erkenntnis wird »Ichlosigkeit« genannt.

19. September

Buddha ist ein Mensch gewesen wie du und ich. Er hat niemals Göttlichkeit für sich beansprucht, er hat lediglich gewusst, dass er die Buddha-Natur, den Samen der Erleuchtung, in sich trägt, und alle anderen Wesen auch. Buddha-Natur ist das Geburtsrecht eines jeden Lebewesens, und ich sage immer: »Unsere Buddha-Natur ist genauso gut wie die Buddha-Natur irgendeines Buddha.«

20. September

Einer der größten Meister des Tonglen war Geshe Chekhawa, der im 11. Jahrhundert in Tibet lebte. Eines Tages, als er sich im Zimmer seines Lehrers aufhielt, fiel sein Blick auf ein geöffnetes Buch, in dem er folgende Zeilen las:

> Lass Vorteil und Gewinn den anderen,
> Nimm Niederlage und Verlust auf dich.

Das überwältigende, beinahe unvorstellbare Mitgefühl, das aus diesen Zeilen sprach, berührte ihn tief, und er machte sich auf, den Meister zu suchen, der diese Zeilen geschrieben hatte. Auf seiner Suche begegnete er eines Tages einem Leprakranken, von dem er erfuhr, dass der Meister bereits tot war. Geshe Chekhawa gab dennoch nicht auf, und seine Mühe wurde belohnt, als er schließlich den wichtigsten Schüler des verstorbenen Meisters fand. Geshe Chekhawa fragte ihn: »Für wie wichtig hältst du die Lehre, die in diesen beiden Zeilen enthalten ist?« Dieser erwiderte: »Ob es dir gefällt oder nicht: Du wirst diese Lehre üben müssen, wenn du wirklich Buddhaschaft erlangen willst.«

21. September

Das heilige Geheimnis, das in der Praxis von Tonglen liegt, ist den Meistern der Mystik und den Heiligen aller Traditionen wohl bekannt; es mit der Selbstvergessenheit und Hingabe wahrer Weisheit und wahren Mitgefühls zu leben und zu verkörpern, ist das, was ihr Leben mit Freude erfüllt. Ein Mensch unserer Tage, der sein Leben den Kranken und Sterbenden gewidmet hat und die heilige Freude des Gebens und Empfangens ausstrahlt, ist Mutter Teresa. Ich kann mir kaum eine inspirierendere Aussage der spirituellen Essenz von Tonglen denken, als diese ihre Worte:

> Wir alle sehnen uns nach dem Himmel und der Gegenwart Gottes, aber es liegt an uns, schon jetzt bei ihm im Himmel zu sein. Doch in diesem Augenblick mit ihm glücklich zu sein bedeutet:
>
> Lieben, wie Er liebt,
> Helfen, wie Er hilft,
> Geben, wie Er gibt,
> Dienen, wie Er dient,
> Retten, wie Er rettet,
> Vierundzwanzig Stunden bei Ihm sein,
> Ihn berühren in Seiner erbarmungswürdigen
>   Verkleidung.

22. September

Alles kann Einladung zur Meditation sein. Ein Lächeln, ein Gesicht in der U-Bahn, eine kleine Blume, die aus einem Riss im Beton wächst, der elegante Faltenwurf eines Stoffes im Schaufenster, die Art, wie die Sonne sich im Wasser spiegelt. Seien Sie wach gegenüber jedem Zeichen von Schönheit und Anmut. Bringen Sie jede Freude dar, seien Sie sich immer der »Botschaft, die stets aus der Stille kommt«, bewusst.

So werden Sie langsam zum Meister Ihrer eigenen Glückseligkeit, zum Alchimisten Ihrer Freude, haben alle Mittel und Rezepturen stets zur Hand, jeden Ihrer Atemzüge und jede Bewegung mit Heiterkeit, Licht und Inspiration zu tränken.

23. September

Alle Wesen haben unzählige Male gelebt, sind gestorben und wurden wieder geboren. Immer wieder haben sie das unbeschreibliche Klare Licht erlebt. Aber weil sie in der Dunkelheit des Nichterkennens gefangen sind, kreisen sie in einem endlosen Samsara.

PADMASAMBHAVA

24. September

Im Buddhismus werden sechs Daseinsbereiche unterschieden: die Welten der Götter, Halbgötter, Menschen, Tiere, hungrigen Geister und Höllenwesen. Sie sind jeweils das Ergebnis der sechs zentralen, negativen Emotionen: Stolz, Eifersucht, Verlangen, Unwissenheit, Gier und Hass.
Schauen wir uns in der Welt um und blicken in unseren eigenen Geist, können wir die Existenz der sechs Bereiche ganz klar identifizieren: Sie existieren außerhalb, weil wir es zulassen, dass unsere negativen Emotionen durch unbewusste Projektion ganze Bereiche um uns herum entstehen lassen und Stil, Form, Geschmack und Hintergrund unseres Lebens in diesen Bereichen definieren. Und sie existieren in uns als die Samen der verschiedenen negativen Emotionen in unserem psychophysikalischen System: allzeit bereit zu keimen und zu wachsen, entsprechend den äußeren Einflüssen und unserer Entscheidung, wie wir leben wollen.

25. September

Wenn wir das Gesetz von Karma und seine nachhaltigen Auswirkungen auf viele Leben in seiner ganzen Vielschichtigkeit und Tragweite erkannt haben, wenn wir sehen, wie die Selbstsucht uns Leben für Leben in ein komplexes Netz von Unwissenheit eingesponnen hat, wenn wir das gefährliche und gespenstische Geschäft des Geistes, der sich an ein Selbst klammert, durchschaut haben, wenn wir also wirklich verstanden haben, wie unser gewöhnlicher Geist und unser Handeln so vollständig davon in Anspruch genommen, so beengt und verdunkelt sind, dass es uns fast unmöglich geworden ist, das Herz bedingungsloser Liebe zu entdecken, weil die Ich-Bezogenheit unseres Geistes die Quellen wahrer Liebe und wahren Mitgefühls in uns blockiert, dann kommt ein Moment, in dem wir endlich verstehen, was Shantideva sagte:

> Wenn alles Unheil,
> Alle Angst und alles Leiden dieser Welt
> Vom Festhalten an einem Selbst herrühren,
> Wozu brauche ich dann diesen großen, bösen Geist?

Und so wird der Entschluss in uns geboren, diesen bösen Geist, unseren größten Feind, zu vernichten und damit die Ursache all unseres Leids zu beseitigen. Nun kommt unsere wahre Natur in all ihrer offenen Weite und Dynamik zum Vorschein.

26. September

Die Natur Ihres eigenen Geistes zu erkennen bedeutet, im Grunde Ihres Wesens zu einem Verständnis zu gelangen, das Ihre gesamte Sicht der Welt verändert. Dadurch wird es Ihnen möglich, den natürlichen und unmittelbaren Wunsch in sich zu wecken, allen Wesen zu dienen, verbunden mit dem direkten Wissen, wie Sie diesen altruistischen Wunsch unter allen Umständen und unter Einsatz all Ihrer Begabungen in die Tat umsetzen können.

27. September

Die Meister betonen, dass es für die Stabilisierung der Sicht in der Meditation wesentlich ist, diese Praxis zuerst in der besonderen Umgebung eines Retreats zu üben, da dort die günstigsten Bedingungen gegeben sind. Inmitten der Geschäftigkeit und angesichts weltlicher Ablenkungen kann keine wahre Erfahrung in Ihrem Geist entstehen, so viel Sie auch meditieren mögen.

Obwohl im Dzogchen kein Unterschied zwischen Meditation und Alltagsleben gemacht wird, werden Sie doch nicht in der Lage sein, die Weisheit der Meditation in Ihren Alltag zu integrieren, bevor Sie nicht echte Stabilität durch Übung in korrekten Sitzungen erlangt haben.

Selbst wenn Sie während Ihrer Praxis mit dem Vertrauen der Sicht im kontinuierlichen Fluss von Rigpa verweilen können, aber nicht in der Lage sind, diesen Fluss zu allen Zeiten und in allen Situationen aufrechtzuerhalten – Ihre Übung also mit dem Alltagsleben zu vereinen –, kann sie Ihnen in widrigen Umständen nicht von Nutzen sein, und Sie werden, von Gedanken und Emotionen in die Irre geführt, wieder in Verblendung enden.

28. September

Von der Warte des Dzogchen aus ist die ganze Vielfalt aller möglichen Erscheinungen und Phänomene in sämtlichen Wirklichkeitsdimensionen – ob Samsara oder Nirvana – unter dem Aspekt der gewaltigen und offenen Weite der Natur des Geistes ausnahmslos und seit jeher vollkommen und vollständig gewesen, und wird es immer sein. Obwohl die Essenz aller Dinge leer ist und »rein von Anfang an«, ist ihre Natur doch reich an edlen Qualitäten, schwanger mit allen Möglichkeiten, ein grenzenloses, dynamisch-kreatives Feld, das stets unmittelbar vollkommen ist.

29. September

Solange du stark und gesund bist,
Denkst du niemals an kommende Krankheit,
Mit jäher Wucht aber trifft sie
Wie ein Blitz dich aus heiterem Himmel.

Beschäftigt mit weltlichen Dingen,
Denkst du nicht an das Nahen des Todes;
Geschwind aber kommt er wie Donner,
Der um dich wütet und tobt.

MILAREPA

30. September

In der Haltung, die wir in der Meditation einnehmen, drückt sich ein spielerischer Humor aus, ein Funken tiefer Hoffnung, gegründet auf das heimliche Wissen, dass wir alle die Buddha-Natur besitzen. Indem wir also diese Haltung einnehmen, ahmen wir spielerisch einen Buddha nach; damit erkennen wir unsere eigene Buddha-Natur an und ermutigen uns, sie wahrhaft entstehen zu lassen. Wir beginnen tatsächlich, uns als potenziellen Buddha zu respektieren.

Zur selben Zeit sind wir uns unserer relativen Verfassung sehr wohl bewusst. Aber da wir uns durch das freudige Vertrauen in unsere eigene Buddha-Natur haben inspirieren lassen, können wir unsere negativen Aspekte leichter akzeptieren und freundlicher und humorvoller mit ihnen umgehen.

Die Meditation lädt uns ein, die Selbstachtung, Würde und tiefe Bescheidenheit des Buddha zu empfinden, der wir ja sind. Ich sage oft, dass es schon genug ist, sich einfach von diesem freudigen Vertrauen inspirieren zu lassen: Aus diesem Verstehen und Vertrauen wird ganz natürlich Meditation hervorgehen.

DZOGCHEN
Das Herz der Lehren aller Buddhas

1. Oktober

Im Krieg gegen unsere größten Feinde – Greifen nach einem Selbst und Selbstsucht – können wir keinen besseren Verbündeten finden als die Übung des Mitgefühls. Es ist das Mitgefühl, das Hand in Hand mit der Weisheit der Ichlosigkeit die alte Anhaftung an ein falsches Selbst, welches die Ursache für unser endloses Wandern in Samsara gewesen ist, am wirkungsvollsten und vollständigsten beseitigt. Aus diesem Grund halten wir in unserer Tradition das Mitgefühl für die Quelle und die Essenz der Erleuchtung und für das Herz aller erleuchteten Aktivität.

2. Oktober

In den traditionellen Meditationsanweisungen heißt es, dass die Gedanken am Anfang ununterbrochen einer nach dem anderen auftauchen und sich überstürzen wie ein Wasserfall. Wenn Sie die Meditation allmählich vervollkommnen, ähneln die Gedanken Wasser, das durch eine tiefe, enge Schlucht fließt; später sind sie wie ein großer Strom, der sich gemächlich dem Meer entgegenwindet; und schließlich gleicht der Geist einem glatten, stillen Ozean, nur hier und da von kleinen Wellen gekräuselt.

3. Oktober

Wir müssen uns von Zeit zu Zeit selbst aufrütteln und uns ernsthaft fragen: »Wenn ich heute Nacht sterben müsste, was dann?« Wir wissen weder, ob wir morgen überhaupt aufwachen, noch wo. Wenn Sie ausatmen und dann nicht wieder einatmen können, sind Sie tot. So einfach ist das. Wie ein tibetisches Sprichwort sagt: »Der morgige Tag oder das nächste Leben – wir wissen nie, was zuerst kommt.«

4. Oktober

Es heißt, dass der Buddha nach seiner Erleuchtung auch uns die Natur des Geistes zeigen wollte, dass er all das mit uns teilen wollte, was er selbst verwirklicht hatte. In seinem unendlichen Mitgefühl war ihm aber gleichzeitig klar, wie schwer es uns fallen würde zu verstehen.

Denn obwohl wir dieselbe innere Natur besitzen wie der Buddha, haben wir sie doch nicht erkannt, weil sie eingeschlossen ist in unserem individuellen, gewöhnlichen Geist. Stellen Sie sich eine leere Vase vor: Der Raum innen ist der gleiche wie der Raum außen. Nur die zerbrechlichen Wände der Vase trennen den einen vom anderen. Unser Buddha-Geist ist eingesperrt zwischen den Wänden unseres gewöhnlichen Geistes. Aber wenn wir Erleuchtung erlangen, dann ist es, als würde die Vase zerspringen. Der Raum »innen« verschmilzt augenblicklich mit dem Raum »außen«. Sie werden eins. In diesem Moment erkennen wir: Sie sind niemals getrennt oder verschieden gewesen, *sie waren immer schon dasselbe.*

5. Oktober

Alle spirituellen Lehrer der Menschheit haben übereinstimmend erklärt, dass es der Sinn unseres Lebens auf dieser Erde ist, die Einheit mit unserer grundlegenden, erleuchteten Natur zu erreichen. In den Upanischaden heißt es:
»Es gibt den Pfad der Weisheit und den Pfad der Unwissenheit. Sie liegen weit auseinander und führen zu verschiedenen Zielen... Inmitten der Unwissenheit, sich für gelehrt und weise haltend, irren die Toren ziellos umher wie Blinde, von Blinden geführt. Der eigentliche Sinn des Lebens erschließt sich niemals jenen, die neidisch, achtlos oder von Reichtum verblendet sind.«

6. Oktober

Ein Weg, Mitgefühl für einen leidenden Menschen zu entwickeln, besteht darin, in Ihrer Vorstellung einen Ihrer besten Freunde – jemanden, den Sie wirklich lieben – an dessen Stelle zu setzen.
Stellen Sie sich Ihren Bruder, Ihre Tochter, Ihre Eltern in derselben schmerzhaften Situation vor, in der sich der leidende Mensch befindet, dem Sie helfen möchten. Ganz natürlich öffnet sich nun Ihr Herz, und Mitgefühl erwacht in Ihnen: Was würden Sie sich sehnlicher wünschen, als den geliebten Menschen von seinen Qualen zu befreien?
Übertragen Sie jetzt dieses Mitgefühl, das in Ihrem Herzen entstanden ist, auf den Menschen, der tatsächlich Ihre Hilfe braucht: Sie werden sehen, dass Ihre Hilfsbereitschaft viel spontaner wird und dass Sie sie gezielter einsetzen können.

7. Oktober

Die wahre Größe der Meditation ist nicht in irgendeiner Methode zu finden. Sie liegt in einer kontinuierlichen und lebendigen Erfahrung von Präsenz und Glückseligkeit, in Klarheit, Frieden und – am wichtigsten von allem – in der völligen Abwesenheit jeden Greifens.

Wenn das Greifen in Ihnen abnimmt, ist das ein Zeichen dafür, dass Sie beginnen, frei zu werden von sich selbst. Und je mehr Sie diese Freiheit erfahren, desto deutlicher wird, dass sich Ihr Ego sowie Hoffnung und Furcht, die es am Leben erhalten, auflösen und dass Sie der unendlich großzügigen »Weisheit der Ichlosigkeit« immer näher kommen. Wenn Sie in dieser Weisheit Ihre Heimat gefunden haben, gibt es keine Grenze mehr zwischen »ich« und »du«, »diesem« und »jenem«, »innen« und »außen«; Sie haben endlich Ihr wahres Zuhause gefunden, den Zustand der Nicht-Dualität.

8. Oktober

Ich erinnere mich an eine Amerikanerin mittleren Alters, die 1976 in New York Dudjom Rinpoche aufsuchte, dessen Übersetzer ich zu jener Zeit war. Am Buddhismus war sie nicht sonderlich interessiert, hatte aber gehört, dass ein großer Meister in der Stadt sei. Sie war todkrank und in ihrer Verzweiflung bereit, es mit allem zu versuchen, sogar mit einem tibetischen Meister!

Sie kam ins Zimmer, setzte sich Dudjom Rinpoche gegenüber und schluchzte: »Mein Arzt gibt mir nur noch einige Monate. Können Sie mir helfen? Ich sterbe.«

Zu ihrer Verblüffung begann Dudjom Rinpoche gütig und mitfühlend zu lächeln. Dann sagte er sanft: »Weißt du nicht, dass wir alle sterben? Es ist nur eine Frage der Zeit. Manche sterben eben eher als andere. « Mit diesen wenigen Worten half er ihr, die Universalität des Todes zu erkennen und einzusehen, dass ihr bevorstehender Tod nichts Außergewöhnliches war. Das minderte ihre Angst. Dann sprach er über Sterben und das Annehmen des Todes. Er sprach auch über die Hoffnung, die im Tode liegt. Am Ende lehrte er sie eine Heilpraxis, die sie mit Begeisterung akzeptierte. Sie hatte nicht nur gelernt, den Tod anzunehmen, sondern durch ihr entschlossenes Üben wurde sie schließlich sogar geheilt.

9. Oktober

In einer der größten buddhistischen Traditionen wird die Natur des Geistes »Weisheit der Gewöhnlichkeit« genannt. Man kann es nicht oft genug sagen: Unsere wahre Natur, die Natur aller Lebewesen ist nichts Außergewöhnliches.
Ironischerweise ist es die so genannte gewöhnliche Welt, die außergewöhnlich ist: die fantastische und komplizierte Halluzination der verblendeten Sicht von Samsara. Dieses »Außergewöhnliche« macht uns blind für die »gewöhnliche«, natürliche, uns innewohnende Natur des Geistes. Angenommen, die Buddhas würden uns jetzt sehen: Wie traurig und verwundert müssten sie über die tödliche Genialität und perfide Kompliziertheit unserer Verwirrung sein.

10. Oktober

Es gab einmal einen Dzogchen-Yogi, der unauffällig und anspruchslos lebte, jedoch eine ganze Schar von Schülern angezogen hatte. Ein Mönch, der sich viel auf seine Gelehrsamkeit einbildete, war eifersüchtig auf diesen Yogi, von dem er wusste, dass er nicht sonderlich belesen war. Er dachte: »Wie kann ein so gewöhnlicher, ungebildeter Mensch es wagen zu lehren? Wie kann er sich als Meister aufspielen? Ich will ihn herausfordern, sein Wissen auf die Probe stellen, ihn als Schwindler entlarven und so vor all seinen Schülern bloßstellen. Dann werden sie ihn verlassen und mir folgen.«

Eines Tages also suchte er besagten Yogi auf und bemerkte verächtlich: »Tut ihr Dzogchen-Kerle eigentlich nichts anderes, als den ganzen Tag zu meditieren?«

Die Antwort des Yogi kam für ihn völlig überraschend: »Worüber sollte man meditieren?«

»Du meditierst also nicht einmal?«, triumphierte der Gelehrte.

»Aber wann bin ich denn jemals abgelenkt?«, erwiderte der Yogi.

11. Oktober

Ist es nicht erstaunlich, dass unser Geist kaum länger als ein paar Augenblicke stillhalten kann, ohne sofort wieder nach Zerstreuung zu suchen? Er ist so ruhelos und beschäftigt, dass ich manchmal denke, das Leben in einer modernen Großstadt ist den Qualen der Wesen im Zwischenzustand nach dem Tode sehr ähnlich, in dem das Bewusstsein, wie man sagt, durch ständige Ruhelosigkeit traktiert wird.

Wir sind in so viele Fragmente aufgesplittert, dass wir weder wissen, wer wir wirklich sind, noch mit welchem unserer Aspekte wir uns identifizieren sollen. So viele widersprüchliche Stimmen, Gebote und Gefühle kämpfen um die Vorherrschaft über unser Innenleben, dass wir in kleine Stückchen zerfallen sind, in alle Richtungen verstreut – und niemand ist daheim.

Meditation nun bedeutet: den Geist heimbringen.

12. Oktober

Der Buddha sagte: »Du bist, was du warst; und du wirst sein, was du tust.« Padmasambhava wird noch deutlicher: »Wenn du dein vergangenes Leben kennen lernen willst, schau deine gegenwärtige Lage an; wenn du dein zukünftiges Leben erkennen willst, schau deine gegenwärtigen Handlungen an.«

13. Oktober

Wenn die Lehren tief in Ihrem Herzen und in Ihrem Geist wirklich »einrasten«, dann haben Sie die Sicht. Was immer Ihnen dann an Schwierigkeiten begegnen mag, Sie werden eine Art von Heiterkeit, Stabilität und Verständnis aufrechterhalten können – ein innerer Mechanismus wird aktiviert, den man vielleicht den »inneren Transformator« nennen könnte.

Dieser Mechanismus ist immer aktiv und schützt Sie davor, wieder in falsche Sichtweisen zurückzufallen. Mit dieser Sicht haben Sie einen »Weisheitsführer« in sich selbst entdeckt, der immer zur Hand ist, Ihnen mit Rat und Tat zur Seite steht, Sie unterstützt und stets an die Wahrheit erinnert. Verwirrung wird auch dann noch entstehen. Natürlich, das ist nur normal. Aber mit einem wesentlichen Unterschied: Sie werden nicht mehr wie besessen auf der Verwirrung bestehen, sondern sie mit Humor aus einer anderen Perspektive sehen und auch mit Mitgefühl.

14. Oktober

Die Angst, die die Vergänglichkeit in uns wachruft, beginnen wir allmählich als unseren besten Freund zu erkennen, drängt sie uns doch zu der Frage: Wenn alles stirbt und sich verändert, was ist dann wirklich wahr? Gibt es etwas *hinter* den Erscheinungen, eine grenzenlose und unendliche Weite, in der dieser ganze Tanz von Vergänglichkeit und Wandel stattfindet? Gibt es nicht doch etwas Verlässliches, was den so genannten Tod überdauert?

Wenn wir uns auf diese Fragen ganz und gar einlassen und darüber nachdenken, werden wir langsam eine grundlegende Verwandlung unseres gesamten Weltbildes erleben. Langsam entdecken wir »etwas« in uns, das wir nicht benennen oder beschreiben können; »etwas« – so beginnen wir zu begreifen –, das hinter allen Veränderungen und Toden steht.

Wenn das geschieht, erhaschen wir immer wieder flüchtige Eindrücke der ungeheuren Dimension, die hinter der Wahrheit der Vergänglichkeit liegt. Wir entdecken eine Tiefe des Friedens, der Freude und des Vertrauens in uns, die uns mit Staunen erfüllt und eine Gewissheit entstehen lässt, dass es »etwas« in uns gibt, was durch nichts zerstört oder verändert werden kann und nicht dem Tod unterworfen ist.

15. Oktober

Was immer uns jetzt widerfährt, spiegelt unser vergangenes Karma wider. Wenn wir das wissen und wirklich begreifen, betrachten wir Leiden und Schwierigkeiten nicht mehr als unser Versagen oder als Katastrophen, und auch nicht als eine Art Strafe. Wir versinken nicht mehr in Schuldgefühlen und Selbsthass.

Wir erkennen in dem Leiden, das wir durchmachen, die Frucht vergangenen Karmas. Die Tibeter nennen das Leiden »einen Besen, der all unser negatives Karma wegfegt«. Wir können sogar dankbar sein, wenn durch leidvolle Umstände Karma beendet wird. Wir wissen, dass »Glück«, die Folge guten Karmas, bald dahin ist, wenn wir es nicht gut nutzen, und dass »Unglück«, als Resultat negativen Karmas, in Wirklichkeit eine ausgezeichnete Gelegenheit darstellt, uns zu entwickeln.

16. Oktober

Wenn wir eines Tages den Wind, die Wogen, die Gezeiten und die Schwerkraft in den Griff bekommen haben..., werden wir auch die Energien der Liebe nutzbar machen. Dann wird der Mensch – zum zweiten Mal in seiner Geschichte – das Feuer entdeckt haben.

Teilhard de Chardin

17. Oktober

Der Glaube an die Wiedergeburt zeigt uns, dass es eine Art letztendlicher Gerechtigkeit, ein Gutsein im Universum gibt. Es ist dieses Gute, das wir alle entdecken und freisetzen wollen. Wann immer wir positiv handeln, kommen wir ihm näher; wenn wir jedoch negativ handeln, verdunkeln und verhindern wir es. Und wenn es uns nicht gelingt, es in unserem Leben und Tun auszudrücken, fühlen wir uns elend und frustriert.

18. Oktober

Die Meister sagen uns, dass der Weg zur Entdeckung der Freiheit, die in der Weisheit der Ichlosigkeit liegt, ein Prozess des Zuhörens und Hörens, der Kontemplation und des Nachdenkens und schließlich der Meditation ist. Sie raten uns, zunächst wieder und immer wieder den spirituellen Lehren *zuzuhören*. Jedes Mal, wenn wir sie hören, erinnern sie uns an unsere verborgene Weisheits-Natur.

Wenn wir uns kontinuierlich mit den Lehren beschäftigen, werden allmählich einige ihrer Einsichten bisher unbekannte Saiten in uns zum Klingen bringen, Ahnungen unserer wahren Natur werden auftauchen und ein tiefes Gefühl von etwas Heimeligem und seltsam Vertrautem wird langsam erwachen.

19. Oktober

Vergessen Sie nie: Eine Methode ist immer nur ein Mittel, niemals die Meditation selbst. Indem Sie eine Methode geschickt anwenden, erreichen Sie die Vollkommenheit des *reinen Zustandes totaler Präsenz* – wahre Meditation. Ein in dieser Hinsicht aufschlussreiches tibetisches Sprichwort sagt: *»Gompa ma yin, kompa yin«,* was wörtlich übersetzt in etwa bedeutet: Es gibt keine »Meditation«, lediglich ein »Sich-daran-Gewöhnen«. Das heißt, Meditation ist nichts anderes, als mit der *Übung* der Meditation vertraut zu werden. Man sagt auch: »Meditation bedeutet nicht, sich abzumühen, sondern ganz natürlich in ihr aufzugehen.« Wenn Sie eine Methode kontinuierlich üben, wird langsam Meditation entstehen. Meditation ist nicht etwas, das Sie »tun« können; sie muss sich unmittelbar ereignen, und das geht nur, wenn Sie die Übung vervollkommnet haben.

20. Oktober

Wenn wir unseren Geist nur *einer* wirkungsvollen Weisheitsmethode widmen und konsequent mit ihr arbeiten würden, bestünde eine ganz reale Möglichkeit für uns, tatsächlich Erleuchtung zu erlangen.

Stattdessen ist unser Geist jedoch von Zweifeln zerfressen und verwirrt. Ich denke manchmal, dass der Zweifel ein noch größeres Hindernis für die menschliche Entwicklung darstellt als die Begierde. Unsere Gesellschaft fördert Schlauheit statt Weisheit und feiert die oberflächlichsten, ungehobeltsten und nutzlosesten Aspekte der Intelligenz. Wir sind so verschroben »kultiviert« und neurotisch, dass wir den Zweifel selbst für die Wahrheit halten. Der Zweifel, der nichts anderes ist als der verzweifelte Versuch des Ich, sich von der Weisheit abzuschotten, wird als Frucht wahren Wissens vergöttert und zum höchsten Ziel stilisiert.

Diese Form böswilligen Zweifels ist der schäbige Diktator von Samsara; ihm dient eine Horde willfähriger »Experten«, die uns nicht den offenherzigen und großzügigen Zweifel lehren, den der Buddha zum Prüfen und Beweisen des Wertes der Lehren sogar empfohlen hat, sondern einen zerstörerischen Zweifel, der uns kein Vertrauen lässt, keine Hoffnung, nichts, wofür es sich noch zu leben lohnte.

21. Oktober

So viele Schleier und lllusionen trennen uns von der Einsicht in unsere eigene Sterblichkeit. Wenn wir aber schließlich zu der Gewissheit gelangen, dass wir sterben müssen und gleich uns alle anderen fühlenden Wesen, entsteht in uns ein brennendes, fast herzzerreißendes Gefühl für die Zerbrechlichkeit und Kostbarkeit jedes Augenblicks und jedes Lebewesens. Daraus kann ein tiefes, klares, grenzenloses Mitgefühl für alle Lebewesen entstehen.

Sir Thomas Moore schrieb kurz vor seiner Enthauptung: »Wir alle sind im gleichen Henkerskarren auf dem Weg zur Hinrichtung; wie könnte ich da noch jemanden hassen oder jemandem Böses wünschen?« Wenn Sie Ihr Herz völlig für die Tatsache Ihrer eigenen Sterblichkeit öffnen, kann in Ihnen das furchtlose Mitgefühl wachsen, das stets die treibende Kraft im Leben all derer gewesen ist, die sich dem Wohle anderer gewidmet haben.

22. Oktober

Was zeichnet einen großen Übenden des spirituellen Weges aus? Es ist jemand, der immer in der Gegenwart seines wahren Selbst lebt, ein Mensch, der die Quellen tiefster Inspiration gefunden hat und sich beständig an ihnen labt. Lewis Thompson, ein englischer Schriftsteller unserer Tage, schrieb: »Christus lebte als größter Poet die Wahrheit so leidenschaftlich, dass jede seiner Gesten – gleichzeitig reine Tat und vollkommenes Symbol – das Transzendente verkörpert.«

Um das Transzendente zu verkörpern, sind wir auf dieser Welt.

23. Oktober

Wenn sich auf dem spirituellen Pfad kleine Hindernisse einstellen, dann verliert ein guter Übender des Weges nicht das Vertrauen, weil er die Unterscheidungsfähigkeit besitzt, Schwierigkeiten als solche zu erkennen. In welcher Gestalt sie ihm auch begegnen, er sieht sie als das, was sie sind: bloße Hindernisse, nicht mehr.

Es liegt in der Natur der Sache, dass ein Hindernis aufhört, ein Hindernis zu sein, wenn man es als solches erkennt. Wenn es einem jedoch nicht gelingen sollte, ein Hindernis als Hindernis zu erkennen, wenn man es also »ernst« nimmt, dann gibt man ihm Macht, und es wird zu einer wirklichen Blockade.

24. Oktober

Die Lebensqualität im Daseinsbereich der Götter mag der unseren überlegen scheinen, doch sagen uns die Meister, dass das Leben als Mensch unendlich viel wertvoller ist. Warum? Weil wir mit unserem Gewahrsein und unserer Intelligenz das Rohmaterial für die Erleuchtung besitzen, und weil das Leid, das den Bereich der Menschen durchdringt, Ansporn ist zu spiritueller Transformation. Schmerz, Trauer, Verlust und endlose Frustration jeder nur denkbaren Art haben eine reale und dramatische Daseinsberechtigung: Sie sollen uns aufwecken, befähigen, ja fast zwingen, aus dem Kreislauf von Samsara auszubrechen und so die in uns gefangene, strahlende Kraft zu befreien.

25. Oktober

Es hat mich schon immer fasziniert, dass manche buddhistische Meister den Menschen, die sie um Belehrungen bitten, eine einfache Frage stellen: »Glaubst du an ein Leben nach dem Tod?« Philosophische Lehrmeinungen interessieren sie dabei nicht, sie wollen lediglich wissen, was man tief im Herzen spürt. Die Meister wissen, dass Menschen, die an ein Weiterleben glauben, eine ganz andere Lebenseinstellung haben. Sie besitzen einen entschiedenen Sinn für persönliche Verantwortung und Ethik. Menschen, die nicht an ein Leben danach glauben, machen sich kaum Gedanken über die Konsequenzen ihres Tuns und schaffen eine Gesellschaft, die fast ausschließlich auf Kurzzeitergebnisse fixiert ist – und das ist es, was die Meister am meisten beunruhigt. Könnte darin nicht auch der tiefere Grund für die Brutalität und Oberflächlichkeit der Welt liegen, die wir geschaffen haben und in der wir jetzt leben – eine Welt, in der aufrichtiges Mitgefühl selten geworden ist?

26. Oktober

Indem Sie die lebendige Gegenwart des Buddha, Padmasambhavas oder Ihres Meisters spüren und einfach Ihr Herz und Ihren Geist dieser Verkörperung der Wahrheit öffnen, werden Sie tatsächlich gesegnet und transformiert. Sobald Sie den Buddha anrufen, wecken Sie Ihre eigene Buddha-Natur, und sie wird erblühen, so natürlich wie eine Blume sich in der Sonne öffnet.

27. Oktober

Dilgo Khyentse Rinpoche beschreibt einen Yogi, der durch einen Garten wandelt. Er ist vollkommen offen für die Pracht und Schönheit der Blumen und genießt ihre Farben, ihre Formen und ihren Duft. Das Wunderbare aber ist, dass es weder die Spur eines Festhaltens noch irgendeinen »Nachgedanken« in seinem Geist gibt. Wie Dudjom Rinpoche sagt:

»Was für Wahrnehmungen dir auch begegnen, du solltest wie ein kleines Kind sein, das in einen wunderschönen Tempel kommt: Es schaut, aber keinerlei Greifen mischt sich in seine Wahrnehmung. So bleibt alles frisch, natürlich, lebendig und unverdorben. Wenn du alles in seinem eigenen Zustand belässt, verändert sich seine Form nicht, seine Farben verblassen nicht und sein Glanz verschwindet nicht. Was immer auch erscheint, bleibt unbefleckt von jeglichem Greifen, und so ersteht alles, was du wahrnimmst, als die nackte Weisheit von Rigpa, der Untrennbarkeit von Lichtheit und Leerheit.«

28. Oktober

Die Dinge werden nie vollkommen sein – wie könnten sie auch? Schließlich befinden wir uns in Samsara. Daher werden Sie selbst dann noch auf Widerstände und Frustrationen, Unvollkommenheiten und Widersprüche stoßen, wenn Sie Ihren Meister gefunden haben und den Lehren folgen.
Lassen Sie sich von Hindernissen und kleinen Schwierigkeiten nicht unterkriegen; häufig sind es nur die kindischen Emotionen des Ich. Lassen Sie sich von ihnen nicht blind machen für die essenziellen und dauerhaften Werte, für die Sie sich entschieden haben. Lassen Sie sich nicht durch Ungeduld von Ihrer Verpflichtung der Wahrheit gegenüber ablenken.
Ich habe immer wieder mit großer Trauer gesehen, wie Menschen eine Lehre oder einen Meister mit Begeisterung und großen Versprechungen annahmen, nur um bei den kleinsten, unvermeidlichen Hindernissen den Mut zu verlieren und in ihre alten samsarischen Gewohnheiten zurückzutaumeln, und so Jahre, wenn nicht gar ein ganzes Leben verschwendeten.

29. Oktober

Mitgefühl ist niemals wahres Mitgefühl, wenn es nicht aktiv wird. Avalokiteshvara, der Buddha des Mitgefühls, wird in der tibetischen Ikonographie häufig mit tausend Augen abgebildet, die das Leid in allen Winkeln des Universums erkennen, und mit tausend Armen, die seine Hilfe überallhin bringen.

30. Oktober

Wenn Sie meditieren, atmen Sie ganz natürlich, so wie immer.
Richten Sie Ihre Aufmerksamkeit sanft auf das Ausatmen. Wenn Sie ausatmen, fließen Sie einfach mit dem Atem. Jedes Mal wenn Sie ausatmen, lassen Sie los und befreien all Ihr Greifen und Festhalten. Stellen Sie sich vor, wie sich Ihr Atem in den allumfassenden Raum der Wahrheit auflöst. Jedes Mal wenn Sie ausgeatmet haben, und bevor Sie wieder einatmen, finden Sie eine ganz natürliche Lücke – wenn das Greifen sich löst.
Ruhen Sie in dieser Lücke, in diesem offenen Raum. Und wenn Sie dann ganz natürlich wieder einatmen, konzentrieren Sie sich nicht speziell auf das Einatmen, sondern lassen Sie Ihren Geist weiter in der Lücke ruhen, die sich aufgetan hat.

31. Oktober

Die Lehren zeigen uns deutlich, was geschieht, wenn wir uns auf den Tod vorbereiten, und welche Folgen es hat, wenn wir es versäumen. Die Alternativen könnten klarer nicht sein. Wenn wir uns weigern, den Tod zu akzeptieren, solange wir noch am Leben sind, werden wir in diesem Leben, im Tod und danach einen hohen Preis zahlen müssen. Die Folgen einer solchen Weigerung werden sowohl dieses als auch kommende Leben ihres Sinns berauben.

Wir werden nicht in der Lage sein, unser Leben voll und ganz zu leben, weil wir in dem Aspekt von uns gefangen bleiben, der sterben muss. Diese Ignoranz wird uns die Grundlage für unseren weiteren Weg zur Erleuchtung entziehen und uns endlos an den Bereich der Illusion fesseln, den unkontrollierten Kreislauf von Geburt und Tod, den Ozean des Leidens, den die Buddhisten Samsara nennen.

HUM
Der Weisheitsgeist aller Buddhas

1. November

Das Leben ernst zu nehmen bedeutet nicht, dass wir ständig meditieren müssten, aber wir sollten uns auch nicht völlig von einer Neun-bis-fünf-Uhr-Alltagsroutine auffressen lassen, die uns jede Perspektive eines tieferen Sinns des Lebens verstellt. Unsere Aufgabe sollte es sein, eine Balance, einen mittleren Weg zu finden.
Wir müssen lernen, uns nicht durch unwesentliche Aktivitäten und Beschäftigungen zu verzetteln, sondern unser Leben mehr und mehr zu vereinfachen. *Der Schlüssel zu einer glücklichen Ausgewogenheit im modernen Leben liegt in der Einfachheit.*

2. November

Was ist mehr darüber zu sagen:
Die Kindischen arbeiten für das eigene Wohl,
Die Buddhas arbeiten für das Wohl anderer.
Sieh nur den Unterschied zwischen ihnen!

Wenn ich mein Glück
Nicht gegen das Leid der anderen tausche,
Werde ich nie die Buddhaschaft erreichen,
Und selbst in Samsara wird mir keine wahre
  Freude zuteil.

SHANTIDEVA

3. November

Wenn Sie Meditation üben, ist es wichtig, sich nicht auf mentales Kommentieren, Analysieren oder inneres Geschwätz einzulassen. Verwechseln Sie den ständigen Kommentar in Ihrem Geist (»Jetzt atme ich ein, jetzt atme ich aus...«) nicht mit Achtsamkeit; wichtig ist die reine Präsenz. Konzentrieren Sie sich auch nicht zu sehr auf den Atem; widmen Sie ihm etwa 25 Prozent Ihrer Aufmerksamkeit, die restlichen 75 Prozent bleiben ruhig, aufnahmebereit und entspannt. Je achtsamer Sie Ihrem Atem gegenüber werden, desto mehr sind Sie in der Gegenwart; Sie vereinigen all ihre verschiedenen Aspekte wieder zu einer Ganzheit.

4. November

Die grundlegende Botschaft der buddhistischen Lehren lautet: Wenn wir vorbereitet sind, liegt überwältigende Hoffnung sowohl im Leben als auch im Tod. Die Lehren enthüllen uns die Möglichkeit einer gewaltigen und letztlich grenzenlosen Freiheit. Es liegt an uns, hier und jetzt – in unserem Leben – nach dieser Freiheit zu streben. Sie wird uns ermöglichen, sowohl unseren Tod als auch unsere nächste Geburt selbstbestimmt zu verwirklichen.

Für jemanden, der praktiziert und sich vorbereitet hat, kommt der Tod nicht als Niederlage, sondern als Triumph – als glorreichster Augenblick und Krönung des Lebens.

5. November

Entwicklung von Bodhichitta

Gebannt von der schieren Vielfalt der Wahrnehmungen, die den trügerischen Spiegelungen
   des Mondes im Wasser gleichen, irren die Wesen
   endlos umher im Teufelskreis von Samsara.
Damit sie Ruhe und Gelassenheit im Licht
und allumfassenden Raum der wahren Natur ihres
   Geistes finden,
erzeuge ich unermessliche Liebe, Mitgefühl,
   Freude und Gleichmut des erwachten Geistes,
   das Herz von Bodhichitta.

JIKME LINGPA

6. November

Unsere Buddha-Natur hat einen aktiven Aspekt, den wir den »inneren Lehrer« nennen können. Seit Anbeginn unserer Verwirrung hat dieser innere Lehrer ohne Unterlass für uns gearbeitet, hat unermüdlich versucht, uns zur strahlenden Weite unseres wahren Seins zurückzuführen.

Nicht eine Sekunde lang, sagt Jamyang Khyentse, hat dieser innere Lehrer uns jemals aufgegeben. Mit seinem unendlichen Mitgefühl, das eins ist mit dem grenzenlosen Mitgefühl aller Buddhas und aller erleuchteten Wesen, hat er unaufhörlich für unsere Entwicklung gewirkt – und zwar nicht nur in diesem, sondern schon in all unseren vergangenen Leben. Er hat dabei die verschiedensten angemessenen Mittel angewendet und alle möglichen Situationen genutzt, um uns aufzuwecken und zurück zur Wahrheit zu führen.

7. November

Ist es wirklich so schwierig, die Wirkungsweise von Karma zu erkennen? Müssen wir nicht einfach auf unser eigenes Leben zurückblicken, um die Konsequenzen vieler unserer Handlungen klar erkennen zu können? Ist es nicht letztlich immer auf uns selbst zurückgefallen, wenn wir jemanden verletzt haben? Ist uns davon nicht eine bittere, dunkle Erinnerung geblieben und der Schatten von Ekel vor uns selbst?

Diese Erinnerung und diese Schatten sind Karma. Unsere Gewohnheiten und Ängste sind ebenfalls Karma: das Ergebnis unserer vergangenen Handlungen, Worte oder Gedanken. Wenn wir unser Handeln überprüfen, es wirklich achtsam betrachten, erkennen wir ein Muster, das sich dauernd wiederholt: *Destruktives Handeln führt immer nur zu Schmerz und Leiden; wenn wir konstruktiv handeln, erfahren wir als Ergebnis schließlich Glück.*

8. November

Damit wir auf dem spirituellen Pfad überleben können, müssen wir uns vielen Herausforderungen stellen, und es gibt sehr viel zu lernen. Wir müssen lernen, mit Hindernissen und Schwierigkeiten fertig zu werden, mit unseren Zweifeln umzugehen und falsche Sichtweisen als solche zu erkennen. Wir müssen lernen, uns selbst zu interpretieren, auch dann, wenn wir uns überhaupt nicht danach fühlen. Wir müssen uns selbst verstehen und unsere Launen erkennen lernen. Wir müssen lernen, wie man wirklich mit den Lehren arbeitet, sie ins eigene Leben integriert und mit der Praxis verbindet. Wir müssen lernen, Mitgefühl zu erwecken und im Alltagsleben umzusetzen. Und wir müssen lernen, wie wir unser Leiden und unsere Emotionen transformieren können.

Auf dem spirituellen Pfad brauchen wir alle Unterstützung und ein solides Fundament. Diese notwendige Basis erhalten wir, wenn wir die Lehren gründlich kennen. Man kann es nicht deutlich genug sagen: Je mehr wir studieren und üben, desto mehr werden wir Unterscheidungsfähigkeit, Klarheit und Einsicht in uns verkörpern. Und wenn dann die Wahrheit bei uns anklopft, werden wir sie mit Gewissheit als solche erkennen und freudig die Tür öffnen. Dann nämlich ahnen wir bereits, dass sie die Wahrheit über uns selbst ist, die Wahrheit über das, was wir wirklich sind.

9. November

Meditation bedeutet, den Geist heimzubringen, und dies wird vor allem durch die Praxis der Achtsamkeit erreicht.
Einst kam eine alte Frau zum Buddha und fragte ihn, wie sie meditieren solle. Er wies sie an, sich jeder Bewegung ihrer Hände bewusst zu sein, wenn sie Wasser aus dem Brunnen schöpfte; denn er wusste, wenn sie nur darauf achten würde, wäre sie bald in jenem Zustand wacher und offener Ruhe, der Meditation ist.

10. November

Es ist nicht immer einfach, die Kraft des Mitgefühls in sich zu wecken. Ich persönlich finde, dass der einfachste Weg oft auch der beste und direkteste ist. An jedem Tag bietet uns das Leben zahllose Gelegenheiten, unser Herz zu öffnen, wir müssen sie nur nutzen. Eine alte Frau geht mit traurigem Gesichtsausdruck an Ihnen vorbei; sie hat geschwollene Beine und kann die beiden schweren Einkaufstüten kaum noch tragen. Sie sehen in den Fernsehnachrichten vielleicht eine Mutter schluchzend neben ihrem ermordeten Sohn oder einen alten Mann, für den der Teller dünne Suppe, der vor ihm steht, die einzige Mahlzeit für diesen Tag ist...
Jedes dieser Bilder könnte Ihr Herz gegenüber dem ungeheuren Leid in der Welt öffnen. Lassen Sie es zu! Lassen Sie die Liebe und Trauer nicht umsonst in sich aufsteigen, gehen Sie nicht einfach darüber hinweg; fürchten Sie sich nicht vor diesen Gefühlen, schämen Sie sich ihrer nicht, aber lassen Sie sie keinesfalls in Apathie enden. Bleiben Sie verletzlich: Nutzen Sie diese kurzen, lichten Aufwallungen von Mitgefühl; konzentrieren Sie sich auf sie, folgen Sie dem Mitgefühl tief in Ihr Herz und meditieren Sie darüber, entwickeln, verstärken und vertiefen Sie es. Alle Lebewesen leiden, wo immer sie auch sein mögen; lassen Sie ihnen Ihr Herz in unmittelbarem, unermesslichem Mitgefühl zufliegen.

11. November

Oft fragen die Leute: »Wie lange soll ich meditieren? Und wann? Soll ich zwanzig Minuten morgens und abends üben, oder ist es besser, mehrere kurze Sitzungen über den Tag zu verteilen?« Ja, es ist gut, zwanzig Miauten zu üben, obwohl das nicht heißen soll, zwanzig Minuten seien die Norm. Ich habe in den Schriften nirgends etwas von zwanzig Minuten gelesen. Ich denke, diese Maßeinheit ist im Westen entstanden, und ich nenne sie daher die »westliche Meditations-Standardzeit«. Es geht nicht darum, wie lange Sie üben, sondern ob die Praxis Sie tatsächlich in einen Zustand von Achtsamkeit und Präsenz versetzt, einen Zustand, in dem Sie ein bisschen offener sind und in der Lage, mit Ihrer Herz-Essenz in Kontakt zu kommen. Und fünf Minuten wache Sitzpraxis sind wesentlich besser als zwanzig Minuten Dösen!

12. November

Wie der Buddha in seiner ersten Belehrung verdeutlicht hat, ist die Wurzel all unseres Leidens in Samsara *die Unwissenheit*. Es scheint endlos zu dauern, bis wir uns von ihr befreien können, und selbst wenn wir den spirituellen Pfad schon betreten haben, wird unsere Suche durch die Unwissenheit immer noch vernebelt.

Wenn Sie sich dieser Tatsache allerdings bewusst sind und die Lehren im Herzen behalten, werden Sie langsam die Unterscheidungsfähigkeit entwickeln, die unzähligen Verwirrungen als Auswirkungen der Unwissenheit zu erkennen; und dann können Sie niemals mehr Ihre Aufrichtigkeit gefährden oder die Perspektive verlieren.

13. November

Jede spirituelle Tradition betont, dass das menschliche Leben einzigartig ist, weil in ihm ein Potenzial liegt, von dem wir gewöhnlich noch nicht einmal etwas ahnen. Wenn wir die Gelegenheit zur Transformation, die das gegenwärtige Leben für uns bereithält, verpassen, kann es unglaublich lange dauern, bis uns erneut eine Chance geboten wird. In den Lehren findet sich das Gleichnis von der blinden Schildkröte, die durch die Tiefen eines Ozeans von der Größe des Universums zieht. An der Wasseroberfläche schwimmt – hin und her geworfen von Wind und Wellen – ein hölzerner Ring. Die Schildkröte kommt nur alle hundert Jahre einmal an die Oberfläche. Und doch, so heißt es, wieder als Mensch geboren zu werden sei weniger wahrscheinlich, als dass die Schildkröte beim Auftauchen mit ihrem Kopf zufällig in den hölzernen Ring trifft.

Selbst unter denen, die es tatsächlich geschafft haben, als Menschen geboren zu werden, sind jene selten, die das unschätzbare Glück haben, den Lehren zu begegnen; und diejenigen, die sich diese Lehren auch wirklich zu Herzen nehmen und sie in ihrem Handeln verwirklichen, sind so rar »wie Sterne am helllichten Tag«.

14. November

Weil wir in unserer Kultur den Intellekt überbewerten, glauben wir, Erleuchtung verlange überdurchschnittliche Intelligenz. Tatsächlich sind viele Formen von Intelligenz nur zusätzliche Hindernisse. Ein tibetisches Sprichwort sagt: »Wenn du zu schlau sein willst, liegst du schnell total daneben.«

Patrul Rinpoche hat erklärt: »Der logische Geist scheint interessant, doch ist er der Keim der Verblendung.« Menschen können derartig besessen sein von ihren eigenen Theorien, dass sie den Sinn von allem verdrehen. In Tibet sagt man: »Theorien sind wie Flicken auf einem Mantel – eines Tages fallen sie einfach ab.«

15. November

Obwohl wir in dem Glauben erzogen worden sind, dass uns nichts bleibt, wenn wir loslassen, beweist das Leben selbst doch immer wieder das Gegenteil: Loslassen ist der einzige Weg zu wahrer Freiheit.

So, wie die Felsen nicht zerbrechen, wenn die Wellen an die Küste schlagen, sondern zu schönen Formen geschliffen werden, so kann Veränderung auch unseren Charakter formen und unsere harten Kanten rund polieren. Durch die Erosion der Vergänglichkeit entwickeln wir ein sanftes und dennoch unerschütterliches Gemüt. Unser Selbstvertrauen wächst und wird schließlich so stark, dass wir ganz natürlich Güte und Mitgefühl auszustrahlen beginnen und damit anderen Freude bringen.

Das ist es, was den Tod überdauert: ein grundlegendes Gutsein, das in jedem von uns steckt. Unser ganzes Leben ist eine Aufforderung, dieses Gutsein zu entdecken, und eine stetige Übung, es zu verwirklichen.

16. November

Wir sollten unsere Zweifel nicht mit übertriebener Ernsthaftigkeit verfolgen, ihnen unverhältnismäßig viel Platz einräumen oder gar zu Fanatikern des Zweifels werden, indem wir alles bloß schwarzweiß sehen. Wir müssen langsam lernen, unsere kulturell bedingte leidenschaftliche Verstrickung in Zweifel zu einem freien, humorvollen und mitfühlenden Umgang mit unserer Skepsis umzuwandeln. Das bedeutet, dem Zweifel Zeit einzuräumen und uns die Zeit zu nehmen, auf unsere Fragen Antworten zu suchen, die nicht bloß intellektuell oder philosophisch befriedigen, sondern die lebendig, wahr und aufrichtig sind und mit denen sich arbeiten lässt.

Zweifel können sich nicht von selbst auflösen; aber wenn wir geduldig sind, kann sich in uns eine Offenheit entwickeln, in der Zweifel sorgfältig untersucht, entwirrt und ausgeräumt werden können. Was uns in der westlichen Zivilisation ganz besonders fehlt, ist eine aufrichtige, unabgelenkte und vorurteilslose Geisteshaltung, in der sich Einsichten langsam entwickeln und zur Reife kommen können. Diese Haltung kann nur durch stetige Meditation geschaffen werden.

17. November

Die Geburt des Menschen ist die Geburt seiner Not. Je länger er lebt, desto törichter wird er, denn immer drängender wird sein ängstliches Bemühen, dem unvermeidlichen Tod zu entkommen. Wie bitter! Er lebt im Streben nach dem, was immer außer Reichweite bleibt! Sein Durst nach Überleben in der Zukunft macht ihn unfähig, in der Gegenwart zu leben.

CHUANG-TZU

18. November

Diejenigen, die eine Nah-Todeserfahrung gemacht haben, berichten übereinstimmend von einer verblüffenden Bandbreite an Nachwirkungen und Veränderungen. Eine Frau sagte:
»Was ich langsam zu spüren begann, war ein intensives Gefühl der Liebe und die Fähigkeit, Liebe mitzuteilen, die Fähigkeit, mich an den kleinsten und unbedeutendsten Dingen zu erfreuen... Ich entwickelte ein starkes Mitgefühl für Menschen, die krank waren und dem Tod entgegensahen, und ich wollte sie so gern wissen und irgendwie erkennen lassen, dass der Tod nichts anderes ist als die Erweiterung des Lebens.«

19. November

Wenn wir uns viele Leben lang nach der Wahrheit gesehnt und um sie gebetet haben, und unser Karma ausreichend gereinigt ist, findet eine Art Wunder statt, das, wenn wir es richtig verstehen und nutzen, zum Ende der Unwissenheit führen kann: Der innere Lehrer, der stets bei uns gewesen ist, manifestiert sich in Form des »äußeren Lehrers«, dem wir dann – wie durch ein Wunder – tatsächlich begegnen. Dies ist die wichtigste Begegnung in allen unseren Leben.

20. November

Der Körper liegt flach auf dem Sterbebett,
Stimmen wispern letzte Worte,
Im Geist verweht eine letzte Erinnerung:
Wann wird dieses Drama dir geschehen?

DER VII. DALAI LAMA

21. November

Karma bedeutet, dass alles, was wir tun – mit Körper, Sprache oder Geist –, entsprechende Ergebnisse zeitigt. Selbst die kleinste Handlung trägt bereits all ihre Konsequenzen in sich. Die Meister sagen: Selbst eine winzige Menge Gift kann töten, und ein kleiner Same kann zu einem riesigen Baum werden. Der Buddha lehrte: »Übersieh negative Handlungen niemals, nur weil sie vielleicht klein sein mögen; wie klein ein Funke auch sein mag, er kann einen Heuschober von der Größe eines Berges in Flammen aufgehen lassen.«
Ebenso sagte er: »Schau niemals auf gute Handlungen herab, nur weil sie vielleicht klein sein mögen; selbst kleinste Tropfen Wasser füllen schließlich auch den größten Behälter.«
Karma zerfällt nicht wie äußere Dinge, noch wird es je außer Funktion gesetzt. »Zeit, Feuer oder Wasser« können es nicht vernichten. Seine Energie wird niemals vergehen – bis sie zur Reife kommt.

22. November

Oh Liebe, reine, tiefe Liebe,
Sei hier, sei jetzt, sei alles,
Welten vergehen in deiner reinen, makellosen
    Strahlung;
Zerbrechlich lebendige Blätter brennen heller
    durch dich als alle kalten Sterne:
Lass mich dein Diener sein, dein Atem und
    dein Herz.

RUMI

23. November

Der Buddha forderte uns zu einer anderen Art des Zweifels auf: »Wie man Gold analysiert, indem man es brennt, ritzt und reibt, um seine Reinheit zu prüfen.« Für diese Art des Zweifels, der uns zur Wahrheit führen würde, wenn wir ihm nur bis zum Ende folgten, haben wir weder genug Einsicht und Mut noch die nötige Übung. Wir sind in einer sterilen Sucht nach Widerspruch geschult, die uns immer wieder aller wahren Offenheit und jeder weiterführenden und läuternden Weisheit beraubt.

Ich möchte Sie bitten, an die Stelle des nihilistischen Zweifels das zu setzen, was ich den »edlen Zweifel« nenne, eine besondere Art von Zweifel, der integraler Bestandteil des Pfades zur Erleuchtung ist. Unsere gefährdete Welt kann es sich nicht leisten, die unermessliche Wahrheit der mystischen Lehren, die uns überliefert wurden, zu ignorieren. Warum stellen wir uns nicht selbst die Frage, statt an ihnen zu zweifeln: unsere Ignoranz, unsere Annahme, dass wir bereits alles verstünden, unser Greifen, unsere Ausflüchte, unsere Leidenschaft für so genannte Erklärungen der Wirklichkeit, die nichts von der Ehrfurcht gebietenden und allumfassenden Wahrheit dessen besitzen, was uns die Meister, die Botschafter der wahren Wirklichkeit, zu sagen haben.

24. November

Wir mögen behaupten, dass Mitgefühl eine wunderbare Sache sei, und es zum Teil sogar glauben, aber in der Praxis sind unsere Handlungen zutiefst mitleidslos und bringen uns und anderen hauptsächlich Frustration und Verzweiflung und nicht das Glück, nach dem wir alle suchen.

Ist es nicht absurd, dass wir uns zwar alle nach Glück sehnen, fast all unsere Handlungen und Gefühle aber direkt von diesem Glück wegführen? Was könnte deutlicher darauf hinweisen, dass unsere ganze Vorstellung von Glück und wie es zu erreichen wäre, grundlegend falsch ist?

Was macht uns denn eigentlich glücklich? Unser kleinlicher, den eigenen Vorteil suchender, spitzfindiger Eigennutz, diese selbstsüchtige Verteidigung unseres Ego, die uns – wie wir alle nur zu gut wissen – bisweilen äußerst brutal werden lässt? In Wahrheit ist es genau umgekehrt: Wenn wir das Festhalten an einem Selbst und den Eigennutz wirklich untersuchen, entlarven sie sich als die Quelle allen Unheils für andere und ebenso allen Unheils für uns selbst.

25. November

Manche Menschen denken, dass sie keinerlei Gedanken oder Emotionen haben dürften, wenn sie meditieren; und wenn dann doch welche auftauchen, ärgern sie sich über sich selbst und machen sich Vorwürfe, weil sie glauben, versagt zu haben. Das ist völlig falsch.

Ein tibetisches Sprichwort sagt: »Es ist ein bisschen viel verlangt, Fleisch ohne Knochen und Tee ohne Blätter haben zu wollen.« Solange Sie einen Geist haben, wird es auch Gedanken und Emotionen geben.

26. November

Eingesperrt in einen dunklen, engen Käfig, den wir uns selbst gebaut haben und den wir für das ganze Universum halten, können sich nur sehr wenige von uns eine andere Dimension von Wirklichkeit überhaupt vorstellen. Patrul Rinpoche erzählt in diesem Zusammenhang die Geschichte von einem alten Frosch, der sein Leben lang in einem Brunnen gelebt hatte.
Eines Tages kam ein Frosch vom Meer zu Besuch.
»Wo kommst du her?«, fragte der Brunnenfrosch.
»Vom großen Ozean«, erwiderte der andere.
»Wie groß ist dein Ozean?«
»Er ist riesig!«
»Etwa ein Viertel meines Brunnens?«
»Größer.«
»Größer? Du meinst – halb so groß?«
»Nein, noch größer.«
»Ist er etwa ... genauso groß, wie dieser Brunnen?«
»Kein Vergleich!«
»Das ist unmöglich! Das muss ich selber sehen.«
So machten sie sich zusammen auf zum Meer. Als der Brunnenfrosch den Ozean erblickte, war der Schock so groß, dass ihm der Kopf zersprang.

27. November

Wie immer unser Leben auch aussehen mag, unsere Buddha-Natur ist unser ureigenster Besitz. Und sie ist stets vollkommen. Weder können die Buddhas in ihrer unendlichen Weisheit sie verbessern, noch können die begrenzten Wesen in ihrer scheinbar unendlichen Verwirrtheit sie verderben.

Unsere wahre Natur ließe sich mit dem Himmel vergleichen und die Verwirrtheit des gewöhnlichen Geistes mit den Wolken. An manchen Tagen ist der Himmel von Wolken verhangen. Wenn wir unten auf der Erde stehen und nach oben schauen, ist es schwer zu glauben, dass es da etwas anderes als Wolken geben kann. Aber wir brauchen nur in einem Flugzeug aufzusteigen, um über der Wolkendecke die grenzenlose Weite des klaren blauen Himmels zu entdecken. Von dort oben erscheinen die Wolken, die wir für alles gehalten haben, unbedeutend und ganz weit unten.

Wir sollten nie vergessen, dass die Wolken nicht der Himmel sind. Ohne ihm zu »gehören«, hängen sie auf fast schon lächerliche Weise einfach dort und ziehen vorbei. Sie können den Himmel niemals in irgendeiner Weise verschmutzen oder beflecken.

28. November

Handeln bedeutet, gegenüber deinen eigenen Gedanken – den guten wie den schlechten – wahrhaft aufmerksam zu sein, in die wahre Natur aller Gedanken zu schauen, weder die Vergangenheit zu verfolgen noch die Zukunft einzuladen, weder ein Anhaften an freudige Erfahrungen zuzulassen noch sich von traurigen Ereignissen überwältigen zu lassen. Wenn man so vorgeht, versucht man, den Zustand der großen Ausgewogenheit zu erreichen und in ihm zu verweilen; ein Zustand, in dem alles – gut und schlecht, Friede und Verzweiflung – leer ist von wahrer Identität.

Dudjom Rinpoche

29. November

Sie können sich die Natur des Geistes aber auch wie einen Spiegel mit fünf verschiedenen Qualitäten oder »Weisheiten« vorstellen. Die Offenheit und Weite des Spiegels ist die »Weisheit des allumfassenden Raumes«, der Mutterschoß des Mitgefühls. Seine Fähigkeit, all das präzise wiederzugeben, was vor ihm erscheint, ist die »spiegelgleiche Weisheit«. Seine grundlegende Unvoreingenommenheit gegenüber jeder Erscheinung ist die »Weisheit der Gleichheit«. Seine Fähigkeit, alle Phänomene klar zu unterscheiden, ohne sie zu verwechseln oder zu vermischen, ist die »Weisheit der Unterscheidung«, und sein Potenzial, alles bereits vollendet, vollkommen und unmittelbar präsent zu spiegeln, ist die »alles vollendende Weisheit«.

30. November

Damit Meditation geschehen kann, müssen ruhige und günstige Umstände geschaffen werden. Bevor wir Meisterschaft über unseren Geist erlangen können, müssen wir zuerst seine Umgebung beruhigen.

Im Augenblick gleicht unser Geist der Flamme einer Kerze: Er ist unruhig, flackernd, wechselhaft und ungeschützt den Windstößen unserer Gedanken und Emotionen ausgesetzt. Die Flamme wird nur dann stetig brennen können, wenn wir die sie umgebende Luft beruhigen. In ähnlicher Weise können wir erst dann einen Schimmer der Natur unseres Geistes erhaschen und beginnen, in ihr zu ruhen, wenn wir die Turbulenzen unserer Gedanken und Emotionen haben still werden lassen. Andererseits können uns, sobald wir Stabilität in unserer Meditation gefunden haben, Geräusche und Störungen jedweder Art wesentlich weniger ablenken.

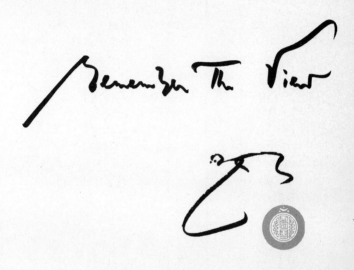

Erinnere dich an die Sicht

1. Dezember

Der Anfängergeist ist ein offener Geist, ein leerer Geist, ein bereiter Geist; und wenn wir wirklich mit dem Geist eines Anfängers zuhören, kann es vielleicht geschehen, dass wir wahrhaft zuzuhören beginnen. Wenn wir nämlich mit einem stillen Geist zuhören, so frei wie möglich vom Lärm vorgefasster Meinungen, besteht die Chance, dass die Wahrheit der Lehren zu uns durchdringen und uns der Sinn von Leben und Tod zunehmend und überraschend klar wird. Mein Meister Dilgo Khyentse Rinpoche hat gesagt: »Je mehr du zuhörst, desto mehr wirst du hören; je mehr du hörst, desto tiefer wird dein Verständnis.«

2. Dezember

Wenn Sie offen und achtsam bleiben und eine der Techniken anwenden, um Ihren Geist immer besser zu sammeln, wird Ihre Negativität sich allmählich verflüchtigen. Sie beginnen, sich mit sich selbst wohl zu fühlen, Sie fühlen sich, wie man so sagt, »wohl in Ihrer Haut«. Daraus gehen Entspannung und tiefe Gelassenheit hervor. Ich halte diese Praxis für die wirksamste Form von Therapie und Selbstheilung.

3. Dezember

Alles Negative, das wir jemals gedacht oder getan haben, ist letztlich auf unser Greifen nach einem falschen Selbst zurückzuführen, das wir hegen und pflegen, bis es zum liebsten und wichtigsten Element in unserem Leben geworden ist. Alle negativen Gedanken, Emotionen, Begierden und Handlungen, die die Ursachen für unser schlechtes Karma sind, werden vom Greifen nach einem Selbst und von der Selbstsucht erzeugt. Sie sind der dunkle, machtvolle Magnet, der – Leben auf Leben – jede nur erdenkliche Katastrophe, jedes Hindernis, jedes Unglück und jede Verzweiflung auf uns zieht und damit die Wurzel aller Leiden in Samsara.

4. Dezember

Es ist wichtig, wieder und wieder in Ruhe darüber nachzudenken, dass *der Tod wirklich ist und ohne Vorwarnung kommt*. Machen Sie es nicht wie die Taube in einem tibetischen Sprichwort, die die ganze Nacht über eifrig an ihrem Nest baut, und dann von der Morgendämmerung überrascht wird, bevor sie überhaupt Zeit zum Schlafen gefunden hat.

5. Dezember

Die Erkenntnis der Sicht verwandelt Ihre Einstellung gegenüber allem auf subtile, aber umfassende Weise. Ich bin zu der Überzeugung gelangt, dass Gedanken und Konzepte das Einzige sind, was uns davon abhält, auf Dauer im Absoluten zu verweilen.

Mir ist jetzt klar, warum die Meister so häufig sagen: »Bemühe dich darum, nicht zu viel Hoffnung und Furcht zu entwickeln.« Die erzeugen nämlich nur noch mehr geistiges Geschwätz. Wenn die Sicht vorhanden ist, werden Gedanken als das begriffen, was sie wirklich sind: flüchtig, durchsichtig und bloß relativ. Sie durchschauen alles direkt, als ob Sie Röntgenaugen hätten. Sie hängen weder an Gedanken und Emotionen, noch weisen Sie diese zurück, sondern heißen sie alle willkommen in der offenen Weite von Rigpa. Was Sie bisher so ernst genommen haben – Ambitionen, Pläne, Erwartungen, Zweifel und Leidenschaften –, hat nun keinen weit reichenden oder beängstigenden Einfluss mehr auf Sie. Die Sicht hat Ihnen geholfen, die Fruchtlosigkeit und Sinnlosigkeit all dieser Dinge zu erkennen, und in Ihnen den Geist wahrer Entsagung geweckt.

6. Dezember

Hingabe ist der reinste, schnellste und einfachste Weg, die Natur unseres Geistes und damit die Natur von allem zu erkennen. Dieser Prozess erweist sich in der Folge als wunderbare Wechselbeziehung: Wir versuchen stetig Hingabe zu entwickeln; diese Hingabe gewährt Einblicke in die Natur unseres Geistes, und diese Einblicke wiederum verstärken und vertiefen unsere Hingabe gegenüber dem Meister, der uns inspiriert hat. Hingabe entspringt also letztlich der Weisheit: Hingabe und die lebendige Erfahrung der Natur des Geistes werden untrennbar und inspirieren einander gegenseitig.

7. Dezember

Was ist unser Leben anderes als ein Tanz flüchtiger Formen? Verändert sich nicht alles andauernd? Erscheint uns nicht alles, was wir in der Vergangenheit getan haben, heute wie ein Traum? Die Freunde, mit denen wir aufgewachsen sind, die Lieblingsplätze der Kindheit, die Ansichten und Meinungen, die wir einst mit so verbissener Leidenschaft vertreten haben: All das haben wir hinter uns gelassen. Jetzt – eben dieser Moment, da Sie in diesem Buch lesen, erscheint Ihnen lebendig und real. Aber auch diese Zeilen sind bald nur mehr Erinnerung.

8. Dezember

Wenn Sie Meditation üben, sollten Sie sich besser mit dem Atem identifizieren, statt ihn zu »beobachten« – so als würden Sie zum Atem werden. Langsam werden der Atem, das Atmen und der Atmende eins – Dualität und Trennung lösen sich auf.

Dieser einfache Prozess der Achtsamkeit wird Ihre Gedanken und Emotionen filtern. Dann schält sich etwas ab wie eine alte Haut, und Sie werden frei.

9. Dezember

Sitzen Sie ganz still. Rufen Sie aus der Tiefe Ihres Herzens die Verkörperung der Wahrheit in der Form Ihres Meisters, eines Heiligen oder eines anderen erleuchteten Wesens an.

Versuchen Sie, den Meister oder Buddha so lebendig wie möglich und dabei so strahlend und durchscheinend wie einen Regenbogen zu visualisieren. Vertrauen Sie darauf, dass aller Segen und alle Qualitäten von Weisheit, Mitgefühl und Stärke aller Buddhas und erleuchteten Wesen in ihm verkörpert sind.

Wenn es Ihnen schwer fällt, eine bestimmte Form zu visualisieren, stellen Sie sich die Verkörperung der Wahrheit einfach als Licht vor oder versuchen Sie, einfach deren vollkommene Präsenz im Raum vor sich zu spüren: Es ist die Präsenz aller Buddhas und Meister. Lassen Sie die Inspiration, Freude und Ehrfurcht, die Sie dann empfinden, an die Stelle der Visualisation treten. Mein Meister, Dudjom Rinpoche, pflegte zu sagen, dass es anfangs unerheblich sei, ob man visualisieren kann, viel wichtiger sei, die Präsenz im Herzen zu spüren und zu wissen, dass sie die Gegenwart des Segens und des Mitgefühls, der Energie und der Weisheit aller Buddhas verkörpert.

Lassen Sie in tief empfundener Hingabe Ihren Geist mit dem des Meisters verschmelzen, und lassen Sie Ihren Geist in seinem Weisheitsgeist ruhen.

10. Dezember

Das Leben ist, nach den Worten des Buddha, kurz wie ein Blitzschlag; dennoch verhält es sich so, wie Wordsworth formulierte: »Das Weltliche ist uns zu nah: Im Erhalten und Ausgeben verschwenden wir all unsere Kräfte.«
Diese Vergeudung unserer Kräfte, dieser Verrat an unserer Essenz, diese Preisgabe der wunderbaren Chance, unsere erleuchtete Natur kennen und verkörpern zu lernen, die uns dieses Leben – das natürliche Bardo – betet, ist vielleicht das Herzzerreißendste an der menschlichen Existenz überhaupt. Die Meister warnen uns davor, uns etwas vorzumachen: Was haben wir gelernt, wenn wir in der Stunde unseres Todes nicht wissen, wer wir wirklich sind?

11. Dezember

Wir sollten niemals vergessen, dass wir in Gedanken, Worten und Werken stets die Freiheit der Wahl haben. Wenn wir wollen, können wir dem Leid und seinen Ursachen ein Ende setzen und damit unser wahres Potenzial, unsere Buddha-Natur, zum Erwachen bringen.

Bis diese Buddha-Natur vollkommen erweckt ist und wir von unserer Unwissenheit befreit und mit dem unsterblichen, erleuchteten Geist verschmolzen sind, findet der Kreislauf von Leben und Tod kein Ende. Die Lehren mahnen uns: Wenn wir in diesem Leben nicht die größtmögliche Verantwortung für uns selbst übernehmen, dann wird das Leiden nicht nur für einige wenige, sondern für Tausende von Leben weitergehen.

Diese ernüchternde Wahrheit lässt Buddhisten das jetzige Leben nicht für das wichtigste halten – sind es doch noch so viele, die folgen werden. Diese Langzeit-Sicht bestimmt ihr Leben. Sie wissen: Die ganze Ewigkeit für dieses eine Leben aufs Spiel zu setzen wäre, als würde man – in aberwitziger Verkennung der Konsequenzen – die Ersparnisse seines ganzen Lebens für ein einziges Getränk ausgeben.

12. Dezember

Es mag die westliche Welt überraschen zu erfahren, wie viele Inkarnationen es in Tibet tatsächlich gegeben hat, die in ihrer Mehrzahl immer große Meister, Gelehrte, Mystiker und Heilige gewesen sind und einen überragenden Beitrag sowohl zu den buddhistischen Lehren als auch zur gesellschaftlichen Entwicklung geleistet haben. Sie haben eine zentrale Rolle in der Geschichte Tibets gespielt.

Ich glaube allerdings nicht, dass dieser Prozess der Inkarnation auf Tibet beschränkt ist, sondern dass er in allen Ländern und zu allen Zeiten stattfindet. Immer wieder hat es Menschen mit künstlerischem Genie, spiritueller Kraft und einer humanitären Vision gegeben, die die Menschheit vorangebracht haben. Ich denke an Gandhi, Einstein und Mutter Teresa, an Shakespeare, den heiligen Franziskus, an Beethoven oder Michelangelo. Wenn Tibeter von solchen Menschen hören, bezeichnen sie sie sofort als Bodhisattvas. Wann immer ich selbst von ihnen höre, von ihrem Werk und ihrer Vision, bin ich von der Majestät des unermesslichen Entwicklungsprozesses der Buddhas und Meister tief beeindruckt, die sich wieder verkörpern, um Lebewesen zur Befreiung zu verhelfen und die Welt zu verbessern.

13. Dezember

Zweifel sind keine Krankheit, sondern lediglich das Symptom eines Mangels an etwas, das wir in unserer Tradition »die Sicht« nennen – das ist die Erkenntnis der Natur des Geistes, die gleichzeitig die Natur der Wirklichkeit ist. Ist diese Sicht vollständig verwirklicht, gibt es keine Spur des Zweifels mehr, denn dann sehen wir die Wirklichkeit aus ihrer eigenen Sicht. Bis wir aber Erleuchtung erlangen, wird es unvermeidlich Zweifel geben, weil zweifeln eine fundamentale Aktivität des unerleuchteten Geistes ist. Die einzig richtige Art aber, mit Zweifeln umzugehen, ist, *sie weder zu unterdrücken, noch in ihnen zu schwelgen.*

14. Dezember

Um zu erkennen, was ich »Weisheit des Mitgefühls« nenne, müssen wir mit vollkommener Klarheit sowohl den Nutzen einer altruistischen Einstellung sehen, als auch den Schaden, den die gegenteilige Geisteshaltung uns angetan hat. Wir müssen klar und eindeutig zwischen dem *Eigeninteresse unseres Ich* und unserem eigentlichen *Interesse* unterscheiden – weil wir Ersteres ständig mit Letzterem verwechselt haben, ist all unser Leiden entstanden.

Festhalten an einem Selbst erzeugt Selbstsucht, die wiederum eine Aversion gegen Schmerzen und Leiden nach sich zieht. Schmerzen und Leiden besitzen jedoch keine objektive Existenz; einzig und allein der Tatsache, dass wir sie ablehnen und meiden, verdanken sie ihr Dasein und ihren Einfluss auf uns. Haben wir das verstanden, wird uns endlich klar, dass es tatsächlich unsere Abneigung ist, die jedes Hindernis, jede nur denkbare Negativität auf uns lenkt und uns das Leben mit nervöser Ängstlichkeit, Hoffnung und Furcht vergällt.

Beseitigen wir die Abneigung, indem wir mit dem Geist, der nach einem unabhängigen Selbst greift und dann an diesem nicht existenten Selbst fest hält, aufräumen, dann nehmen wir den Hindernissen und Negativitäten jede weitere Möglichkeit, uns zu beeinflussen. Denn wie kann etwas angegriffen oder geschädigt werden, das es gar nicht gibt?

15. Dezember

Jedes Mal, wenn wir mit unserer Meditationspraxis beginnen, lassen wir uns von der Tatsache anrühren und inspirieren, dass wir selbst und alle anderen Wesen grundsätzlich die Buddha-Natur besitzen – im Sinne jenes Gebets, das alle Buddhas der Vergangenheit gesprochen haben:

> Durch die Macht und die Wahrheit dieser Praxis:
> Mögen alle Wesen Glück erfahren und die Ursachen von Glück;
> Mögen alle frei sein von Leid und den Ursachen von Leid;
> Mögen alle niemals getrennt sein vom höchsten Glück, das frei ist von Leid;
> Mögen alle in Gleichmut leben, ohne allzu viel Anhaftung und allzu viel Abneigung,
> Und mögen sie leben im Wissen um die Gleichheit von allem, was lebt.

16. Dezember

Ich stelle mir die großen Meister und verwirklichten Wesen gern als Adler vor, die über Leben und Tod schweben und sie so sehen, wie sie wirklich sind, in all ihrer geheimnisvollen, vielschichtigen Verwobenheit.

Durch die Augen des Adlers – mit dem Blick der Verwirklichung – zu sehen bedeutet, auf eine Landschaft hinabzublicken, in der die Grenzen zwischen Leben und Tod, die wir uns eingebildet haben, ineinander fließen und sich auflösen. Der Physiker David Bohm hat die Wirklichkeit als »ungeteilte Ganzheit in fließender Bewegung« beschrieben.

Was also die Meister direkt sehen und völlig verstehen, ist diese ungebrochene Ganzheit, diese fließende Bewegung. Was wir in unserer Unwissenheit in »Leben« und »Tod« aufspalten, sind in Wirklichkeit bloß zwei verschiedene Aspekte dieser Ganzheit in Bewegung.

17. Dezember

Wenn Sie gelernt haben, Ihr Leben durch Disziplin einfacher zu gestalten, und damit die Möglichkeiten des Ich, Sie zu verführen, eingeschränkt haben, und wenn Sie durch Üben achtsamer Meditation den Zugriff von Aggression, Festhalten und Negativität auf Ihr ganzes Wesen gelockert haben, kann langsam die Weisheit der Einsicht aufscheinen. Und diese Einsicht zeigt Ihnen im Lichte ihrer alles erhellenden Klarheit direkt und deutlich sowohl die feinsten Funktionsweisen Ihres eigenen Geistes als auch die tiefste Natur der Wirklichkeit selbst.

18. Dezember

Ein großer Meister des letzten Jahrhunderts hatte einen Schüler, der ausgesprochen schwer von Begriff war. Der Meister hatte ihm wieder und wieder Belehrungen gegeben und versucht, ihn in die Natur des Geistes einzuführen. Umsonst! Schließlich wurde es dem Meister zu dumm, und zornig sagte er: »Ich wünsche, dass du diesen Sack mit Gerste auf den Gipfel des Berges dort schleppst. Aber du darfst unterwegs auf keinen Fall rasten.«

Der Schüler war ein einfacher Mann, doch er besaß unerschütterliches Vertrauen in seinen Meister – also tat er genau, wie ihm geheißen. Der Sack war schwer und er brauchte sehr lange für den Aufstieg.

Als er schließlich auf dem Gipfel angekommen war, ließ er den Sack fallen und sank, völlig erschöpft, aber auch völlig entspannt zu Boden. Sein ganzer Widerstand hatte sich aufgelöst und mit ihm sein gewöhnlicher Geist. In diesem Augenblick erkannte er plötzlich die Natur seines Geistes. Er rannte zurück, den Berg hinab und stürzte – wider jede Höflichkeit – in das Zimmer seines Meisters.

»Ich glaube, ich hab's endlich begriffen... Ich hab wirklich verstanden!« Sein Meister lächelte wissend: »Soso, die Bergtour war also interessant?«

19. Dezember

Die Praxis der Achtsamkeit – den zerstreuten Geist heimzubringen und so die verschiedenen Aspekte unseres Seins in der Konzentration zu sammeln – wird »Friedvolles Ruhen« oder »Ruhiges Verweilen« genannt. Dieses »Ruhige Verweilen« erfüllt drei Dinge. Erstens werden all unsere aufgesplitterten Aspekte, die einander bekämpft haben, zur Ruhe gebracht, miteinander versöhnt und aufgelöst. In diesem Zur-Ruhe-Kommen beginnen wir, uns selbst besser zu verstehen und erhalten gelegentlich sogar schon einen flüchtigen Eindruck unserer grundlegenden Natur.

20. Dezember

Wenn Sie in der Klarheit und dem Vertrauen von Rigpa verweilen, können sich all Ihre Gedanken und Emotionen ganz natürlich und mühelos in seine ungeheure Weite befreien – so wie Schreiben auf Wasser oder Malen in den Himmel. Wenn Sie diese Praxis wirklich vervollkommnen, hat das Karma nicht mehr die geringste Chance, sich anzusammeln; und in diesem Zustand ziel- und sorglosen Aufgebens, den Dudjom Rinpoche »ungehinderte, nackte Gelassenheit« nennt, kann das karmische Gesetz von Ursache und Wirkung Sie in keiner Weise mehr binden.

21. Dezember

Sterben lernen heißt, lernen zu leben; leben zu lernen bedeutet, rechtes Tun zu üben, und zwar nicht nur in diesem, sondern ebenso in allen zukünftigen Leben. Wir können der Welt am wirkungsvollsten helfen, wenn wir uns selbst wahrhaftig verändern und als transformierte Wesen wieder geboren werden, um anderen in ihrem Leiden beizustehen.

Wagen wir es doch einmal, uns vorzustellen, wie es wohl wäre, in einer Gesellschaft zu leben, in der ein großer Teil der Menschen das Angebot der Lehren angenommen hätte und einen Teil ihres Lebens ernsthafter, spiritueller Praxis widmen würde. Wie würde wohl eine Gesellschaft aussehen, in der viele Menschen daran arbeiten, die Natur ihres Geistes zu begreifen und ihren Tod zu nutzen, um der Buddhaschaft näher zu kommen, und nur ein Ziel kennen: wieder geboren zu werden, um anderen zu dienen und ihnen von Nutzen zu sein.

22. Dezember

Wie kann der Weisheitsgeist der Buddhas begriffen werden? Stellen Sie sich vor, die Natur des Geistes wäre Ihr eigenes Gesicht. Es ist immer da, aber ohne Hilfe können Sie es nicht sehen. Stellen Sie sich weiter vor, Sie hätten noch nie einen Spiegel gesehen. Wenn der Meister Sie einführt, ist es, als ob er Ihnen plötzlich einen Spiegel vorhielte, in dem Sie nun zum ersten Mal Ihr Gesicht sehen.

Wie Ihr eigenes Gesicht ist auch das reine Gewahrsein von Rigpa nicht etwas »Neues«, nichts, was Sie nicht bereits besitzen würden und was der Meister Ihnen gibt. Es ist auch nichts, was außerhalb von Ihnen selbst zu finden wäre. Es hat schon immer zu Ihnen gehört und ist stets bei Ihnen gewesen, aber bis zu diesem einzigartigen Augenblick haben Sie es noch nie tatsächlich und direkt gesehen.

23. Dezember

Im Westen neigen die Menschen dazu, bei dem stehen zu bleiben, was ich »Technik der Meditation« nenne. Die moderne Welt ist ohnehin fasziniert von Mechanismen und Maschinen aller Art und süchtig nach pragmatischen Formeln. Bei der Meditation ist das Wichtigste allerdings nicht die Technik, sondern ihr Geist: die geschickte, inspirierte und kreative Art, in der wir üben, die man auch »Haltung« nennen könnte.

Die Meister sagen: »Wenn du günstige Bedingungen in deinem Körper und in deiner Umgebung schaffst, dann kommt es ganz automatisch zu Meditation und Verwirklichung.« Über die Haltung zu sprechen ist nicht etwa esoterische Pedanterie: Sinn und Zweck einer richtigen Haltung ist es, ein inspirierendes Milieu für die Meditation und somit für das Erwecken von Rigpa zu schaffen. Es besteht eine Verbindung zwischen Körperhaltung und geistiger Einstellung. Da Körper und Geist eng miteinander verbunden sind, entsteht Meditation auf natürliche Weise, wenn Haltung und Einstellung inspiriert sind.

24. Dezember

Um die Jahrhundertwende lebte ein tibetischer Meister namens Mipham – eine Art Leonardo da Vinci des Himalaja –, dem man sogar die Erfindung einer Uhr, einer Kanone und eines Flugzeugs zuschreibt. Sobald diese Dinge aber fertig konstruiert waren, zerstörte er sie wieder, weil sie, wie er sagte, ja doch bloß Ursache für zusätzliche Zerstreuung würden.

25. Dezember

So lange der Raum besteht
Und fühlende Wesen leiden,
Möge auch ich bleiben,
Die Leiden der Welt zu zerstreuen.

Shantideva

26. Dezember

Mitgefühl ist viel größer und viel edler als Bedauern. Bedauern hat seine Wurzeln in Angst und Herablassung, manchmal schwingt sogar der Gedanke mit: »Ein Glück, dass das nicht mir passiert ist.« Wie Stephen Levine sagt: »Wenn deine Angst jemandes Schmerz berührt, wird daraus Bedauern; wenn deine Liebe jemandes Schmerz berührt, wird daraus Mitgefühl.«
Mitgefühl zu üben bedeutet daher, zu erkennen, dass alle Lebewesen gleich sind und auf ähnliche Art und Weise leiden. Es bedeutet, all denen, die leiden, mit Respekt zu begegnen, in dem Wissen, dass Sie niemals von irgendjemandem getrennt sind und niemandem überlegen.

27. Dezember

So wie der Ozean Wellen hat oder die Sonne Strahlen, so sind Gedanken und Emotionen die dem Geist eigene Strahlung. Der Ozean hat Wellen, er lässt sich von ihnen aber nicht besonders stören. Wellen gehören zur Natur des Ozeans. Sie erheben sich – doch wohin gehen sie? Zurück in den Ozean. Und wo kommen sie her? Aus dem Ozean.
Gleichermaßen sind Gedanken und Emotionen die Strahlung und der Ausdruck der Natur des Geistes selbst. Sie entstehen aus dem Geist – und wohin lösen sie sich auf? Zurück in den Geist. Was immer auch erscheint, sehen Sie es nicht als besonderes Problem. Wenn Sie nicht impulsiv reagieren, sondern nur geduldig bleiben, wird alles wieder in seiner essenziellen Natur zur Ruhe kommen.
Wenn Sie dieses Verständnis besitzen, wird das Auftauchen von Gedanken Ihre Praxis nur noch stärken. Wenn Sie sie aber nicht als das erkennen, was sie eigentlich sind – die Strahlung der Natur Ihres Geistes – dann werden genau dieselben Gedanken der Keim der Verwirrung. Bewahren Sie also eine weite, offene und mitfühlende Einstellung gegenüber Ihren Gedanken und Emotionen, denn sie gehören ja tatsächlich zur »Familie« – zur Familie Ihres Geistes. Dudjom Rinpoche pflegte zu sagen, man solle sich ihnen gegenüber verhalten »wie ein weiser, alter Mann, der einem Kind beim Spielen zuschaut«.

28. Dezember

Es ist überaus wichtig, dass sehr bald eine aufgeklärte Sicht von Tod und Sterben auf allen Ebenen der Erziehung weltweit Verbreitung findet. Kinder sollten vor dem Tod nicht »beschützt« werden, sondern schon in jungen Jahren die wahre Natur des Todes kennen lernen und erfahren, was er auch ihnen zu sagen hat. Warum stellen wir diese Sicht nicht in schlichter, jeweils angemessener Form jeder Altersgruppe vor? Das Wissen um den Tod, um die mögliche Unterstützung für Sterbende und um die spirituelle Natur des Todes muss allen Menschen zugänglich gemacht werden; diese Einsichten sollten in Schulen, Universitäten und Ausbildungsstätten aller Art vermittelt werden, und zwar fantasievoll und in die Tiefe gehend; und schließlich sollte dieses Wissen insbesondere dorthin gebracht werden, wo es am nötigsten gebraucht wird: in Lehrkrankenhäuser und Institute, an denen Pflegepersonal und Ärzte lernen, sich um Sterbende zu kümmern und die facettenreiche, besondere Verantwortung zu übernehmen, die eine Arbeit mit Sterbenden mit sich bringt.

29. Dezember

Wo genau befindet sich nun unsere Buddha-Natur? Sie liegt in der himmelsgleichen Natur unseres Geistes. Ganz offen, frei und grenzenlos, ist sie so grundsätzlich einfach, dass sie niemals verkompliziert, verdorben oder verschmutzt werden kann – so rein, dass sie selbst über die Theorien von Reinheit und Unreinheit hinausgeht.

Diese Natur als himmelsgleich zu bezeichnen ist natürlich nur eine Metapher, die uns helfen soll, ihre allumfassende Unbegrenztheit zu verstehen. Die Buddha-Natur besitzt jedoch eine Qualität, die der Himmel niemals haben kann: die strahlende Klarheit des Gewahrseins. Es wird gesagt: »Sie ist einfach dein makelloses, gegenwärtiges Gewahrsein, erkennend und leer, nackt und wach.«

30. Dezember

»Hast du einmal die Sicht, wirst du, obwohl die verblendeten Wahrnehmungen von Samsara weiter in deinem Geist erscheinen mögen, wie der Himmel sein: Wenn ein Regenbogen erscheint, ist er nicht sonderlich geschmeichelt, und wenn Wolken auftauchen, ist er auch nicht besonders enttäuscht. Es herrscht ein tiefes Gefühl der Zufriedenheit. Du lächelst innerlich, da du die Fassade von Samsara und Nirvana erkennst. Die Sicht wird dich erheitern und dieses kleine Lächeln wird stetig von tief innen hervorperlen.«

DILGO KHYENTSE RINPOCHE

31. Dezember

Man geht, man kommt, man springt, man tanzt – vom Tod hört man kein Wort. Alles gut und schön. Aber kommt er dann doch zu ihnen selbst oder zu ihren Weibern, Kindern und Freunden und überrascht sie, in welcher Gestalt auch immer, was setzt es da nicht für Not und Elend, was für ein Geheule, was für Wut, welche Verzweiflung!...

Um damit anzufangen, dem Tod seinen großen Vorteil über uns abzugewinnen, müssen wir eine der gewöhnlichen ganz entgegengesetzte Methode einschlagen. Nehmen wir ihm das Fremde, machen wir seine Bekanntschaft, pflegen wir Umgang mit ihm, und lassen wir nichts so oft in Gedanken vorbeieilen wie den Tod... Es ist ungewiss, wo uns der Tod erwartet; erwarten wir ihn also allenthalben!

Sinnen auf den Tod ist Sinnen auf Freiheit. Wer sterben gelernt hat, hat verlernt, Sklave zu sein.

MONTAIGNE

Dalai Lama
Die Freude, friedvoll zu leben und zu sterben

Der Dalai Lama symbolisiert wie kein anderer das Ideal der Friedfertigkeit. Dieses ist in der buddhistischen Lehre verankert, verbunden mit der Überzeugung, dass ein friedvolles Leben positive Voraussetzungen für die Inkarnation schafft.

Dalai Lama
Der Weg zur Freiheit

Mit unübertroffener Einfachheit und Schönheit vermittelt der Dalai Lama die Essenz des tibetischen Buddhismus. Seine Darstellung von Tod, Wiedergeburt, Karma und den vier edlen Wahrheiten zeichnet das Bild großen spirituellen Wissens.

Dalai Lama
Mein Leben und mein Volk

Der Dalai Lama erzählt seine Geschichte: seine Auffindung und Inthronisation, die geistliche Erziehung, die Begegnung mit den Eroberern, die Bemühungen, seinem Volk ein wenig Freiheit zu erhalten, und schließlich die abenteuerliche Flucht ins Exil.

Dalai Lama
Den Geist erwecken, das Herz erleuchten

Die zwei wichtigsten Elemente auf dem Pfad zur Erleuchtung sind in der buddhistischen Lehre Weisheit und Mitgefühl. Der Dalai Lama gibt klare und praktische Anweisungen, wie Mitgefühl im täglichen Leben entwickelt werden kann.

Thomas Schäfer
Was die Seele krank macht und was sie heilt

Thomas Schäfer bringt die Erkenntnisse des bekannten Psychotherapeuten Bert Hellinger auf den Punkt: Die Familie ist das zentrale soziale System und der Verursacher von Freud und Leid. Durch Hellingers Therapie können krank machende Dynamiken gelöst werden.

Bernd Frederich
Wenn Partnerschaft krank macht

Die Ursachen von Krankheiten liegen oft innerhalb von Beziehungen und Familien. Anhand von zahlreichen Fallbeispielen zeigt der Autor, wie vorhandene Muster erkannt und Wahrnehmungs- und Verhaltensänderungen herbeigeführt werden können.

Edward Bach / Jens-Erik Petersen
Heile dich selbst mit den Bach-Blüten

Nach dem Verfahren von Dr. Bach werden primär seelische Zustände wie Unzufriedenheit, Groll, Aufregung, Angst, Besorgnis etc. behandelt. Hierzu leitet das vorliegende Buch mit seinen ausführlichen Beschreibungen der Qualitäten der 39 Bachblüten an.

Erich Ballinger
Lerngymnastik für Kinder

Bereits im Kindergartenalter angewandt, zielen diese Übungen darauf ab, Lernschwierigkeiten durch die Zusammenschaltung der rechten und linken Gehirnhälfte gar nicht erst aufkommen zu lassen.

Kim da Silva
Gesundheit in unseren Händen

Ausgehend von uralten Erkenntnissen der östlichen Heilkunde entwickelte Kim da Silva ein Konzept, wie man heute die sogenannten »Mudras« oder Finger-Reflexzonen im alltäglichen Leben sinnvoll und hilfreich anwenden kann.

Kim da Silva
Meinen Körper in meine Hände nehmen

Mudras sind spezielle Fingerhaltungen, die Selbstheilungsenergie aktivieren. Kim da Silva zeigt, wie sie bei Krankheitssymptomen angewendet werden können, und vermittelt ein Verständnis für die Zusammenhänge körperlicher und seelischer Harmonie.

Kim da Silva / Do-Ri Rydl
Energie durch Bewegung

Die auf jahrelangen Erfahrungen der Autoren basierenden kinesiologischen Übungen eignen sich gleichermaßen für Jung und Alt. Sie sind einfach auszuführen und motivieren dazu, etwas für die eigene Gesundheit zu tun.

Kim da Silva / Do-Ri Rydl
Kinesiologie

Edu-Kinesthetik (Educational Kinesthetik) ist die einzige Form von Kinesiologie, die der Laie anwenden kann. Ohne auf einen Therapeuten angewiesen zu sein, kann man in eigener Verantwortung üben und täglich etwas für sein Wohlbefinden tun.

Caroline Myss
Chakren – die sieben Zentren von Kraft und Heilung

Umfassend und differenziert beschreibt Caroline Myss das von den sieben Chakren organisierte Enegiefeld des Körpers und integriert in ihre Beschreibungen christliche, kabbalistische und buddhistische Vorstellungen von der Kraft der sieben spirituellen Ebenen.

Ellen Grasse
Chakren- und Auradiagnose

Die Autorin verbindet in ihrem Selbsthilfebuch neue Beobachtungen mit Erkenntnissen langjähriger Heiltätigkeit. Unterschiedliche Tests erlauben, die individuelle feinstoffliche Situation zu überprüfen und die Ursache von Krankheiten und Energiemangel zu ermitteln.

Alice Burmeister und Tom Monte
Heilende Berührung

Jin Shin Jyutsu® vermag den Energiefluss durch die Berührung spezifischer Körperpunkte und durch Atemtechniken zu harmonisieren. Und das Beste ist: Jeder kann es praktizieren. Die bislang einzig geschlossene Darstellung dieses Heilsystems.

Michael Reed Gach
Heilende Punkte

Beschreibungen zum einfachen Auffinden der Akupressurpunkte sowie effiziente Techniken, durch die Kopfschmerzen, Erkältungen, Schlaflosigkeit, Rückenschmerzen, Depressionen und vieles mehr erleichtert und geheilt werden können.

Theodora Lau
Chinesische Astrologie

Die Autorin beschreibt anschaulich die zentralen Bausteine der chinesischen Astrologie. Das Buch ist ein kompaktes und leicht verständliches Einführungsbuch, das sich auch als Nachschlagewerk hervorragend eignet.

Christopher Weidner
Die Sprache der Sterne

Eine klar strukturierte Einführung in die Grundlagen der Astrologie – Tierkreis, Häuser, Planeten, Aspekte, Konstellationen –, die es auch dem Einsteiger und Laien ermöglicht, sein Horoskop selbst zu deuten.

Martin Boot
Das Horoskop

Die Horoskop-Interpretationen stützen sich auf die überlieferten empirischen Erkenntnisse der Astrologie in Verbindung mit modernen psychologischen Erkenntnissen. Eine ausführliche Anleitung, die Wege zur Selbsterkenntnis eröffnet.

Linda Goodman
Star Signs

Ein Standardwerk, das es jedem Menschen ermöglicht, durch astrologische Berechnungen die eigenen Kräfte zu entdecken. Denn die Kenntnis von Star Signs hilft bei der Lösung von persönlichen Problemen und kritischen Lebenssituationen.